はじめに

　この「建築計画演習ノート」は，"建築計画"を学ぶ生徒のみなさんが，教科書の学習の進度と並行して，学んできた内容を確実に身に付けるためにつくられたものです。

　科目"建築計画"は，一般的な建築計画の内容とともに，建築環境，都市計画，建築設備，建築史などの内容を融合して学習するようになっているため，たいへん幅広い内容となっています。

　教科書「建築計画」と併用して，この演習ノートで学習することにより，科目"建築計画"の学習内容をしっかり身に付けることができるよう，本書は次のような点に留意して編修しました。

本書の構成と特色

1. 内容を重要事項にしぼって最低限の分量に納め，ページごとに区切りをつけ，学習しやすくしました。
2. 章・節の展開は，教科書の順序によっています。
3. 各節ごとに，ここでは何を学ぶかを「学習のポイント」としてまとめました。
4. 「演習問題」は，教科書に示された内容をじゅうぶん理解することで解答できるような出題とし，ノートに直接答を書き込めるようになっています。
5. 節末には，適宜「Topic」を入れ，関連する知識を示しています。
6. 問題の解答は，別冊にしてあります。

　本書をじゅうぶんに活用して，科目"建築計画"の重要さを知り，積極的に実力向上に努力されることを希望します。

目次

第 1 章　建築と環境

1 建築と環境の概要

1. 世界にはさまざまな気候があるが，人々は，その地域ごとに異なる自然環境の中で，少しでも快適に暮らせる住居をつくってきた。

2. 建築計画にあたっては，資源・エネルギーの使用を減少させるくふうが求められる。

1 次の文の（　　）内に適切な語句を記入せよ。

(1) 高温高湿地域では，(^{1}　　　）や（^{2}　　　）で太陽光をさえぎり，通風のために（^{3}　　　）を多く取り，防湿のために（^{4}　　　）を高くして，夏季の暑さを防いでいる。

(2) 高温乾燥地域では，日干しれんがで厚い（^{5}　　　）をつくり，開口部を小さくして日中の外気を遮断し，夜間に外気を取り込むくふうをしている。

(3) 都市特有の環境には，（^{6}　　　　　　　）ともよばれる都市気温の上昇，大気汚染と悪臭，都市の高層化にともなう（^{7}　　　　）や反射光による光害，騒音・振動などがある。

(4) 現代の建築物は，内部空間の快適性を得るために，（^{8}　　　　）を設置することが不可欠になっている。一方，機械的設備への過度の依存が，（^{9}　　　　）の増大や，（^{10}　　　　）をはじめとした地球全体の環境悪化をまねき，都市の（^{6}　　　　　）の一因となっている。

　　わたしたちは，（^{11}　　　　）な発展を前提とした生産・消費活動を行うために，ものを大量に生産・消費し，廃棄する社会から，（^{12}　　　　）の社会に移行しなければならない。

(5) 建築物の内部空間の快適性を得るためには，まず建築物の（^{13}　　　　）や（^{14}　　　　），（^{15}　　　　）などをくふうし，必要に応じて機械的設備で補うようにする。

2 下表の（　　）内に適切な語句を記入せよ。

環境の要素	内　　容
（^{1}　　　）	人体の温熱感覚，つまり暑さや寒さの感じ方に影響を与える環境のこと。
（^{2}　　　）	人体の健康的生活を維持するうえで必要な空気の清浄度に影響を与える環境のこと。
（^{3}　　　）	自然光や人工光によってもたらされ，視覚や感情，生活の快適性などに影響を与える環境のこと。
（^{4}　　　）	喧騒や静けさ，さまざまな音の響きなど，生活の快適性や感情などに影響を与える環境のこと。

▌2 屋外環境と室内環境（1）

学習のポイント（教科書 p.13 ～ p.17）■▌

1. 太陽放射の熱と光は，気候や動植物，建築物などにさまざまな影響を与える。
2. 外部気候の要素には，気温・湿度・雨・雪・風などがあり，建築物の構造・材料・形態に影響を与える。

1 次の文の（　）内に適切な語句または数値を記入せよ。

⑴ 熱としてとらえた太陽からのエネルギーを（¹　　　）といい，地球の大気圏外における太陽の方向に垂直な単位面積 1 m² あたりの日射の量を（²　　　）という。

⑵ 地球が太陽から平均距離にあるときの値を（³　　　）といい，その値は約（⁴　　　）kW/m² になる。

⑶ 太陽放射において（⁵　　　）は熱線ともいい，物体に当たるとその温度を上昇させる効果が大きく，（⁶　　　）は，視覚に対して明るさと色を知覚させる。（⁷　　　）は，殺菌などの強い化学作用をもち，建築物の内外装の劣化や退色をもたらす。

⑷ （⁸　　　）は気候図ともいい，月別平年温湿度の年変化を図表化したもので，各地域の温湿度の特色を示している。

2 下表の（　）内に適切な語句を記入せよ。

① 日較差　・　　・⑦ 空気中に含まれている水蒸気の質量。
② 相対湿度・　　・⑦ 1 日の最高気温と最低気温の差。
③ 絶対湿度・　　・⑦ 空気中の水蒸気の分圧と飽和水蒸気圧との比。
④ 凍害　　・　　・⑦ ある場所で吹く風の状態を表したもの。
⑤ 風配図　・　　・⑦ 材料中の水分の凍結と融解の繰り返しで起こる組織の破壊。

TOPIC 気候と建築物の形

日本の夏は高温高湿である。このため，軒の出を深くして日射を防ぎ，開放的なつくりにして通風を得られるようにすることが重要である。また，降水量が多いため，軒の出は深くするとともに，屋根は梁間が大きくなるほど急勾配にして雨を早く流すようにする。強風地域では，風圧力を軽減するために屋根を緩勾配にし，軒の出を浅くする。このほか，多雪地域では，屋根を急勾配にして雪が落下しやすいようにしたり，逆に緩勾配にして計画的に雪下ろしを行うようにする。多雪地域で用いられる無落雪屋根は，パラペットを立ち上げて落雪を防ぎ，屋根の中央に向けて下り勾配をとり，横どいとたてどいで融雪水を排水する方式の屋根形状のことをいう。

3 屋外環境と室内環境（2）

1. ヒートアイランド現象の原因は，緑地などの減少，エネルギー消費による大量の排熱，コンクリートやアスファルトによる大量の蓄熱である。

2. 高層建築物の周辺では，風向や風速が変化して，局地的な強風が起こるなど，付近の建築物などに風害を及ぼすことがある。

1　次の①〜③の文は，ヒートアイランド現象の原因について説明したものである。（　）内に適切な語句を記入せよ。

①　水分を蒸発させる（¹　　　　　）などの減少。

②　生産活動および生活にともなう（²　　　　　　　）による大量の排熱。

③　建築物や道路に用いられる（³　　　　　　）や（⁴　　　　　　）による大量の蓄熱。

2　ヒートアイランド現象を緩和する方法を 4 点あげよ。

①　（　　　　　　　　　　　　　　　　　　　　）

②　（　　　　　　　　　　　　　　　　　　　　）

③　（　　　　　　　　　　　　　　　　　　　　）

④　（　　　　　　　　　　　　　　　　　　　　）

3　次の文の（　）内に適切な語句または数値を記入せよ。

(1)　大気を汚染する空気汚染物質には，（¹　　　　　　），（²　　　　　　），（³　　　　　　）などがある。また，微小粒子状物質は一般に（⁴　　　　）とよばれる。

(2)　ppm は，わずかに含まれる物質の量を表す単位で，1 ppm は（⁵　　　　　　　）の量を示し，1%は（⁶　　　　　）ppm となる。

(3)　建築物の形態の面から考えられるビル風の防止対策として，外壁面の（⁷　　　　　　）を多くしたり，外壁の出隅部分を（⁸　　　　　）にしたり，中間部分に風が抜ける（⁹　　　　　　）を設けたりすることなどがあげられる。

Topic　ヒートアイランド現象と都市の緑化

　ヒートアイランド現象を緩和するには都市の緑化が必要であり，そのための法令が定められている。都市緑化法では，緑化地域が指定された区域内における敷地面積が一定規模（原則 1 000 m²）以上の建築物の新築・増築時に，敷地面積の一定割合（最大 25%）以上の緑化を義務づけている。また，東京都の条例では，都内の同様の規模の敷地について，建築時に空地部分の樹木による緑化や屋上の利用可能部分などの緑化（いずれも 20 〜 35%以上）を義務づけている。

▌4 屋外環境と室内環境（3）

学習のポイント（教科書 p.19 ～ p.21）▐▐

1. 温熱要素とは，室内気候の 4 要素に着衣量と作業量を合わせた 6 要素をいう。

2. 快適な状態を示す温熱要素の組み合わせは無数にあるため，温熱要素のいくつかを組み合わせて指標をつくり，その尺度で表示する方法が用いられている。

1 次の文の（　）内に適切な語句または数値を記入せよ。

(1) 人の作業量は，大人がいすに座った状態で安静にしているときの（¹　　　　　　）を 1 として，各作業時の（¹　　　　　　）の倍率で表し，単位は Met を用いる。

(2) 室内気候は，（²　　　　）・（³　　　　　）・（⁴　　　　　）・（⁵　　　　　）の 4 要素によって形成され，この 4 要素に（⁶　　　　　）と（⁷　　　　　）を合わせた 6 要素を温熱要素という。

(3) 温熱要素のうち，（⁸　　　　　）と（⁹　　　　　）の二つの要素を組み合わせた指標を（¹⁰　　　　　）または OT という。

(4) 室内気候の 4 要素に（¹¹　　　　　）と（¹²　　　　　）を合わせた 6 要素の指標の一つに（¹³　　　　　）または ET*がある。このうち，いすに座った状態で，着衣量 0.6 clo，気流 0.1 m/s，周壁の温度が気温に等しいという標準状態の場合のものを（¹⁴　　　　　）または SET*という。

(5) 予測平均温冷感申告（PMV）は，（¹⁵　　　　　）を変数として算出され，温冷感に対応する（¹⁶　　　　）～（¹⁷　　　　）の数値で表せる。このとき，それぞれの PMV の値に対して，何％の人が不満足に感じるかという割合を（¹⁸　　　　　）または PPD という。

2 次の文の下線部分について適切なものには○印，不適切なものには正しい語句または数値を（　）内に記入せよ。

(1) （　　　　　）静穏空気とは，風速 0.5 m/s 程度以下の状態のことをいう。

(2) （　　　　　）作用温度は，グローブ温度計で測定した値で近似することができる。

(3) （　　　　　）衣類の熱抵抗の単位をクロ（clo）値という。

(4) （　　　　　）国際標準化機構（ISO）では，−0.5＜PMV＜0.5，PPD＜30％を快適範囲としている。

3 教科書 p.21 の図 14 を用いて，気温 28℃，相対湿度 30％のときの標準有効温度（SET*）を求めよ。

┃5┃ 換気と通風（1）

1. 室内の環境衛生状態には，生理現象や燃焼によるものなど，さまざまな要因が影響している。

2. 室内の空気汚染の指標として，CO_2（二酸化炭素）濃度が用いられている。

1 次の文の（　）内に適切な語句を記入せよ。

(1) 室内を密閉した状態で使用すると，複数の原因が重なって，環境衛生状態が悪くなる。この現象を（¹　　　　　）といい，そのおもな原因には，（²　　　　　）によるもの，（³　　　　　）によるもの，（⁴　　　　　）によるもの，（⁵　　　　　）によるものなどがあげられる。

(2) 空気汚染の原因として，（⁶　　　　）によるものには，在室者の呼吸や（⁷　　　　　）で放出される（⁸　　　　　）や臭気などがあり，（⁹　　　）によるものには，ガスや石油の燃焼で放出される二酸化炭素 CO_2 や（¹⁰　　　　　），水蒸気などのほか，不完全燃焼により発生する（¹¹　　　　）などの有害ガスがある。また，（¹²　　　　　）によるものには，いろいろな生活行為にともなって発生する（¹³　　　　），芳香剤や殺虫剤などの（¹⁴　　　　　），食べ物の（¹⁵　　），（¹⁶　　）による有害物質や臭気などがある。さらに，（¹⁷　　　　　）によるものには，合板の接着剤に含まれる（¹⁸　　　　　　）や，塗料の溶剤として用いられる（¹⁹　　　　　）などがある。

(3) 室内の空気汚染の程度を表すものとして，一般に（²⁰　　　　）濃度が用いられるが，これは，（²¹　　　）や（²²　　）などが増し，環境の衛生状態が悪くなるにつれて（²⁰　　　　　）濃度が増すためである。

2 下表の（　）内に適切な数値を記入せよ。

CO_2 濃度		各種の影響，基準など
[%]	[ppm]	
0.03	(¹　　　)	標準大気
0.04 ～ 0.06	400 ～ 600	市街地外気
(²　　　)	700	多人数が継続して在室する場合の許容値
(³　　　)	(⁴　　　)	一般の場合の許容量，建築基準法，ビル管理法などの基準値
0.15	1500	換気計算に使用される許容値
0.2 ～ 0.5	2000 ～ 5000	相当不良と認められる
0.5 以上	5000 以上	最も不良と認められる

注. CO_2 そのものの有害限度ではなく，空気の物理的，化学的性状が CO_2 の増加に比例して，悪化すると仮定したときの汚染の指標を示す。

CO 濃度 [ppm]	各種の影響，基準など
(⁵　　）～(⁶　　　)	標準大気
5	市街地の平均値
(⁷　　　　)	建築基準法，ビル管理法などの基準値
200	2 ～ 4 時間で軽い頭痛
500	2 ～ 4 時間で激しい頭痛，視力障がい，脱力感など
1000	2 ～ 3 時間で脈拍が速くなり，けいれんをともなう失神
(⁸　　　)	1 ～ 2 時間で死亡

6 換気と通風 (2)

学習のポイント (教科書 p.24 ~ p.27) ■■

1. 必要換気量は，一般に CO_2 濃度の許容値を基準にして求められ，必要換気回数は，必要換気量を室の容積で割って求める。

2. 通風計画にあたっては，室内を通り過ぎる空気の速度と経路について考慮する。

1 次の文の ( ) 内に適切な数値を記入せよ。

小学校の教室 (7 m×8 m，天井高 3 m) に児童が 30 名在室する場合の，必要換気量 Q および必要換気回数 N を求めよ。ただし，CO_2 濃度の許容値を 0.1%，外気の CO_2 濃度を 0.04%，児童 1 人あたりの呼吸による CO_2 の発生量を 0.015 m^3/h とする。

式(1) (教科書 p.25) から，

$$Q = \frac{M}{C_a - C_o} = \frac{(^1\qquad) \times 30}{(^2\qquad) - (^3\qquad)} = \frac{(^4\qquad)}{(^5\qquad)} = (^6\qquad) \, m^3/h$$

室の容積 $V = (^7\qquad) \times (^8\qquad) \times (^9\qquad) = (^{10}\qquad) \, m^3$

式(2) (教科書 p.26) から，

$$N = \frac{Q}{V} = \frac{(^{11}\qquad)}{(^{12}\qquad)} \fallingdotseq (^{13}\qquad) \fallingdotseq (^{14}\qquad) \, 回/h$$

2 次の文の ( ) 内に適切な語句を記入せよ。

(1) 室内の環境衛生状態を良好に保つために，($^1\qquad$) な空気を取り入れ (給気)，($^2\qquad$) された空気を排出 (排気) することを換気という。

(2) 換気には，自然換気と ($^3\qquad$) がある。自然換気には，屋外の ($^4\qquad$) により換気する方法と，室内外の ($^5\qquad$) による空気の ($^6\qquad$) の違いで換気する方法がある。

(3) 機械換気は，($^7\qquad$) や ($^8\qquad$) などを利用して，($^9\qquad$) に換気を行うものである。

(4) ($^{10}\qquad$) や ($^{11}\qquad$) が小さすぎると，換気を得るために室内の風速が著しく増大し，体感上不快になったり，作業の支障となることがある。

(5) 室内を通り過ぎる風による ($^{12}\qquad$) 効果によって涼しさを得るために，室内に ($^{13}\qquad$) の風を取り入れることを通風という。

(6) 通風計画にあたっては，室内を通り過ぎる空気の ($^{14}\qquad$) と ($^{15}\qquad$) について考慮する。

(7) 通風の効果を高めるためには，その地域の ($^{16}\qquad$) に直角な面，およびその ($^{17}\qquad$) の面に開口部を設けるようにする。

⑦ 伝熱と結露（1）

学習のポイント（教科書 p.28 ～ p.30）

1. 高温側の空気の熱が，壁体などを通して低温側の空気に伝熱する過程を熱貫流という。

2. 熱貫流率は，壁体などの熱の伝わりやすさを表す値で，壁材料の熱伝導率などで決まる。

3. 熱貫流量は，熱貫流によって流入したり流出したりする熱量のことで，その値は熱貫流率，室内外温度差，各部の面積に比例する。

1 次の文の（　）内に適切な語句を記入せよ。

(1) 一般に，壁体などを通して熱が伝わる過程は，右図のようになる。高温側の空気の熱は，材料の表面に（^{1}　　　）し，材料内を（^{2}　　　）したのちに，ふたたび材料の表面から低温側の空気へ（^{3}　　　）する。この伝熱過程の全体を（^{4}　　　）という。

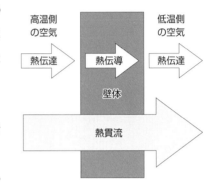

(2) 材料の表面と周囲の空気との間の熱の伝わりやすさを示すものを（^{5}　　　）といい，単位は（^{6}　　　）を用いる。この値は，（^{7}　　　）が大きいほど大きくなる。

(3) 材料内の熱の伝わりやすさを示すものを（^{8}　　　）といい，単位は（^{9}　　　）を用いる。

2 次の図のような外壁の熱貫流率 U を求めよ。ただし，外壁の室外側の熱伝達率 25 W/(m²·K)，室内側の熱伝達率 8 W/(m²·K)，熱伝導率は，コンクリート 1.4 W/(m·K)，断熱材 0.03 W/(m·K)，せっこうボード 0.17 W/(m·K) とする。

式(2)（教科書 p.29）から，

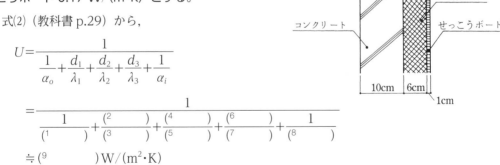

$$U=\cfrac{1}{\cfrac{1}{\alpha_o}+\cfrac{d_1}{\lambda_1}+\cfrac{d_2}{\lambda_2}+\cfrac{d_3}{\lambda_3}+\cfrac{1}{\alpha_i}}$$

$$=\cfrac{1}{\cfrac{1}{(^1\quad)}+\cfrac{(^2\quad)}{(^3\quad)}+\cfrac{(^4\quad)}{(^5\quad)}+\cfrac{(^6\quad)}{(^7\quad)}+\cfrac{1}{(^8\quad)}}$$

$$≒(^9\qquad)\,\text{W/(m}^2\text{·K)}$$

3 外気温 32℃，室温 26℃の場合，熱貫流率 3.5 W/(m²·K) の外壁 28 m² から流入する熱貫流量 Q を求めよ。

式(1)（教科書 p.29）から，

$$Q=U×(t_1-t_2)×S=(^1\quad)×\{(^2\quad)-(^3\quad)\}×(^4\quad)=(^5\quad)\,\text{W}$$

▌8 伝熱と結露（2）

学習のポイント（教科書 p.30 ~ p.32） ■□

1. 快適な室温を保つためには，建築物の各部の熱貫流量をできるだけ小さくする。

2. 熱容量が大きい材料は，温めるのに多くの熱量を必要とし，また冷めるのに時間がかかる。

---

1 外気温 5℃，室温 20℃の場合，学校の教室の外部に面した窓ガラス 16 m^2 から流出する熱貫流量 Q を求めよ。ただし，窓ガラスは厚さ 3 mm，熱伝導率 0.78 W/(m・K)，窓ガラスの室外側の熱伝達率 35 W/(m^2・K)，室内側の熱伝達率 9 W/(m^2・K) とする。

窓ガラスの熱貫流率

$$U=\cfrac{1}{\cfrac{1}{\alpha_o}+\Sigma\cfrac{d}{\lambda}+\cfrac{1}{\alpha_i}}$$

$$=\cfrac{1}{\cfrac{1}{(^1\qquad)}+\cfrac{(^2\qquad)}{(^3\qquad)}+\cfrac{1}{(^4\qquad)}}$$

$$=\cfrac{1}{(^5\qquad)+(^6\qquad)+(^7\qquad)}$$

$$=\cfrac{1}{(^8\qquad)}≒(^9\qquad)\ \mathrm{W/(m^2・K)}$$

窓ガラスの熱貫流量

$$Q=U\times(t_1-t_2)\times S$$
$$=(^{10}\qquad)\times\{(^{11}\qquad)-(^{12}\qquad)\}\times(^{13}\qquad)=(^{14}\qquad)\ \mathrm{W}$$

2 下図の①～④は，熱容量の大小に断熱性の高低を組み合わせて，室温の変動を比較したものである。それぞれの説明文として適当なものを㋐～㋓から選び，その記号を（　）内に記入せよ。

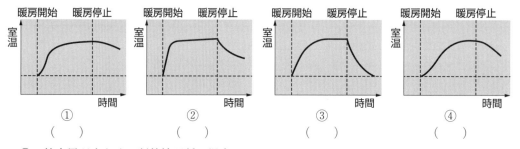

①　（　　）　　②　（　　）　　③　（　　）　　④　（　　）

㋐　熱容量が小さく，断熱性が低い場合

㋑　熱容量が小さく，断熱性が高い場合

㋒　熱容量が大きく，断熱性が低い場合

㋓　熱容量が大きく，断熱性が高い場合

❾ 伝熱と結露（3）

学習のポイント（教科書 p.33 〜 p.36）■▮

1. 一般に，室内の湿った空気が温度の低い外壁などの室内側表面に接すると，結露が生じやすくなる。

2. 表面結露を防ぐには，壁や天井などの室内側の表面温度を露点温度以下にならないように，各部を保温する。

3. 内部結露を防ぐには，断熱材より室内側に防湿層を設けるようにする。

1 外気温 0℃，室温 18℃，室内相対湿度 60％，室内側熱伝達率 8 W/(m²·K)，外壁の熱貫流率 2 W/(m²·K) のとき，室内側の壁表面に結露が生じるかどうか検討せよ。

式(4)（教科書 p.34）から室内側表面温度 θ を求めると，

$$\theta = t_i - \frac{U}{\alpha_i}(t_i - t_o)$$

$$= (^1\quad\quad) - \frac{(^2\quad\quad)}{(^3\quad\quad)} \times \{(^4\quad\quad) - (^5\quad\quad)\}$$

$$= (^6\quad\quad)℃$$

右図において，室温 18℃，相対湿度 60％の状態は (⁷　) 点である。この点を図上で水平左方向に移動すると B 点で相対湿度 (⁸　) ％になる。このときの温度を (⁹　　) といい，右図の場合は (¹⁰　) ℃である。

以上により，室内側の壁表面に結露は (¹¹　　)。

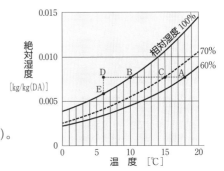

2 次の文の（　）内に適切な語句を記入せよ。

(1) (¹　　) は，湿り空気のいろいろな性質を一つの図にまとめたもので，(²　　　)，湿球温度，(³　　　)，絶対湿度などのうち，二つの状態からその他の状態を知ることができる。

(2) 結露が外壁などの室内側表面で生じることを，(⁴　　) という。

(3) 外壁や屋根，1 階の床などに (⁵　　) を入れると，室内側の表面温度が低下しにくいため，表面結露の防止に役立つ。

(4) 水蒸気を多く発生する室や，室内を閉め切ることが多い暖房時などは，適度の (⁶　) を行い，室内の (⁷　) を下げるようにする。

(5) 内部結露を防止するためには，断熱材より室内側に (⁸　　) を設けるようにする。

(6) 屋外に近い位置に (⁹　　) を設け，浸透した水蒸気を放出すると内部結露を防止する効果が高くなる。

▮🔟 日照と日射（1）

学習のポイント（教科書 p.37 ～ p.40）▮▮▮

1. 日影曲線図を用いると，ある季節のある時刻における日影の方向と長さを知ることができ，この図をもとに日影図・日影時間図を作成することができる。

2. 日影の法的規制を受ける建築物を計画する場合は，日影図・日影時間図を作成し，検討する。

1 次の文の（　）内に適切な語句または数値を記入せよ。

(1) 地球の地軸は，公転面に対して約（^{1}　　　　）傾斜している。

(2) 天球上の天体が真南にあることを（^{2}　　　）という。

(3) ある地域の日の出から日没までの時間を（^{3}　　　　）といい，実際に日の照った時間を（^{4}　　　　）という。

(4) 可照時間に対する日照時間の割合を（^{5}　　　）という。

(5) 建築物の日影を一定時間間隔でかいた図を（^{6}　　　）という。

(6) 日影規制を受ける建築物を計画する場合には，（^{7}　　　）について，建築基準法で定められた規制値の（^{8}　　　　）を作成して，隣地に長時間日影を生じないことを確かめなければならない。

(7) 建築物によって 1 日中日影となる部分を（^{9}　　　　）といい，夏至の場合，この部分は 1 年中日影となるので，この部分を（^{10}　　　　）とよぶ。

2 次の図に示す直方体の建築物について，冬至 8 時～ 16 時（1 時間ごと）の日影図を作成し，1 時間から 4 時間（1 時間ごと）の日影時間図を作成せよ。ただし，建築物の高さは日影曲線図の基準長さと等しいものとする。

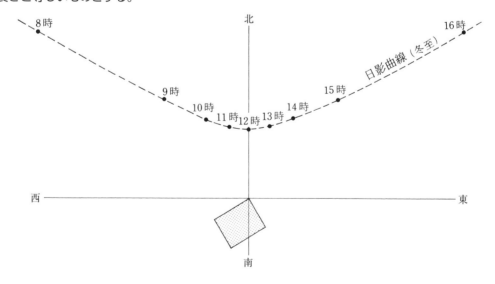

▌11 日照と日射（2）

学習のポイント（教科書 p.41 ～ p.42）■▌

1. 地方真太陽時と中央標準時との関係は，次の式で示される。

$$T = T_s + E + \frac{L - 135°}{15°} \quad \begin{cases} T : 地方真太陽時（時） & E : 均時差（分） \\ T_s : 中央標準時（時） & L : 経度（°） \end{cases}$$

2. 隣棟間隔は，プライバシーや外部空間の開放性のほか，日照時間に影響を与える要因となる。

1　次の文の（　　）内に適切な語句または数値を記入せよ。

(1)　（^{1}　　　　）とは，ある地域で太陽の南中時を（^{2}　　）とし，次の日の南中時までを 1 日
　　　とした時刻の表し方をいう。

(2)　（^{1}　　　　）の 1 日の長さは，季節によって長短があるので，これを平均し，1 日を（^{3}　　）
　　　時間として定めた時刻の表し方を（^{4}　　　　）という。

(3)　（^{5}　　　　）とは，真太陽時と平均太陽時との差のことをいう。

2　東経 134° の地点における冬至の正午の地方真太陽時 T を求めよ。ただし，冬至の均時差は 2 分
とする。

$$T = T_s + E + \frac{L - 135°}{15°} = (^1 \quad\quad)（時）+ (^2 \quad\quad)（分）+ \frac{(^3 \quad\quad) - 135°}{15°}（時）$$

$$= (^4 \quad\quad)（時）+ (^5 \quad\quad)（分）- (^6 \quad\quad)（分）$$

$$= (^7 \quad\quad)（時）\ (^8 \quad\quad)（分）$$

3　大阪において，教科書 p.42 図 14 (a) のように，東西方向に無限に長い建築物が南北方向に平行
に並んで配置されていると仮定した場合，冬至において，北棟に 4 時間の日照を確保するためには，
隣棟間隔は何 m にすればよいか求めよ。ただし，南棟の日影を生じる部分の最高高さは 10 m とす
る。

　　　図 14 (b) より，前面隣棟間隔係数 ε の値は約（^{1}　　　　）となる。

　　　隣棟間隔 L（m）は　　　$L = \varepsilon H = (^2 \quad\quad) \times (^3 \quad\quad)$

　　　　　　　　　　　　　　　　$= (^4 \quad\quad)$（m）

TOPIC　**コンピュータによる日影の検討**

　　　コンピュータを用いると，建築基準法の日影規制を満足するかどうかを，正確かつ迅速に判
断することができる。専用のソフトウェアに，敷地および建築物の形状，緯度，測定面の高さ
などを入力すると，自動的に，日影図，日影時間図などが出力される。また，敷地に対する建
築可能なボリュームである逆日影図（鳥かご図）を作成することもできる。

▎⓬ 日照と日射（3）

学習のポイント（教科書 p.42 〜 p.45）■▎

1. 地表に達する日射量は，直達日射量と天空放射量に分けられる。
2. 建築物が受ける日射量は，季節・時刻・面の方位などで大きく異なる。
3. 建築物は，受ける日照，日射の影響を考慮し，形態や材料を工夫する。

1　次の語句にあてはまるものをたがいに線で結べ。

① 日　射　量・　　　・⑦　直達日射量と天空放射量を合計したもの。

② 直達日射量・　　　・⑦　太陽放射によって単位面積が単位時間に受ける熱量。

③ 天空放射量・　　　・⑦　大気層を通り抜けて直接地表に達する日射量。

④ 全天日射量・　　　・⑨　大気中で乱反射されて地上に達する日射量。

2　右の図は，北緯35°のある地点における建築物の各面が1日の間に受ける直達日射量の年変化を示したものである。図中の①〜④に該当する面を（　　）内に記入せよ。

① （　　　　　）　　② （　　　　　）

③ （　　　　　）　　④ （　　　　　）

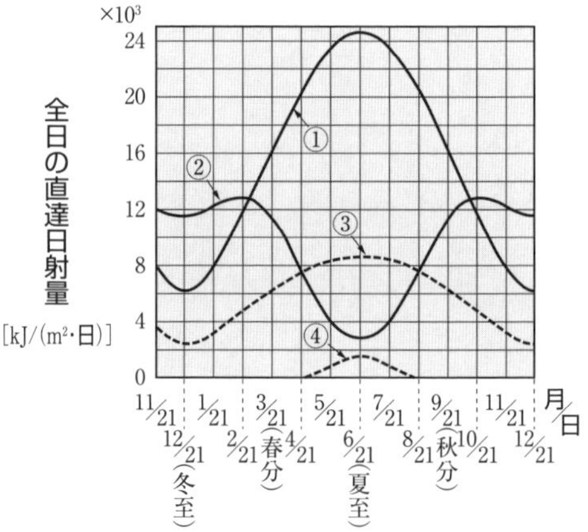

3　次の文の（　　）内に適切な語句を記入せよ。

(1) 必要に応じて日照を取り入れたり，さえぎったりすることを（¹　　　　　）という。

(2) 夏の開口部からの直射光は，（²　　　　　）が大きいことなどから，ひさしや（³　　　　　）などで，できるだけ防ぐようにする。

(3) 日射熱の遮蔽効果は，ひさしなどを窓の（⁴　　　）に設ける方法が効果的である。

(4) 日射熱を冬季に暖房などに利用する方法のうち，建築物の形態や材料，窓の位置や大きさをくふうする方法を（⁵　　　　　　　）システム，送風機や太陽熱温水器などの設備機器を用いる方法を（⁶　　　　　　　）システムという。

TOPIC　瞬間調光ガラス

　　瞬間調光ガラスは，液晶薄膜層を保護膜とガラスではさんだもので，液晶薄膜層に電圧をかけると，不透明ガラスが瞬時に透明ガラスに変化する。窓ガラスやパーテションなどに使用し，視線や日照・日射などを遮断し，または透過させることができる。

▌⓭ 採光と照明（1）

1. 採光の状態は，昼光率で表すことができる。

2. 昼光率は，採光窓の形状，位置および採光窓からの距離で決まる。

---

1 次の語句の単位および説明文について，関係の深いものをたがいに線で結べ。

① 光束・　　　・⑦ cd　　　・　　・ⓐ 単位面積あたりに入射する光束の量のこと。

② 光度・　　　・⑦ cd/m^2　・　・ⓑ 点光源のある方向の光の強さを示す量のこと。

③ 輝度・　　　・⑦ lm　　　・　　・ⓒ 光源からある方向への光度を，その方向への光源の見かけの面積で割った値のこと。

④ 照度・　　　・⑦ lx　　　・　　・ⓓ 視感度に基づいて測定された単位時間あたりの光のエネルギー量のこと。

2 室内のある点の照度が 100 lx，そのときの全天空照度が 5 000 lx である場合の昼光率 D を求めよ。

$$D = \frac{(^1\qquad)}{(^2\qquad)} \times 100 = (^3\qquad) \%$$

3 次の図のような採光窓の P 点の昼光率を求めよ。ただし，窓有効率 $K=1$ とする（教科書 p.50 図 6 参照）。

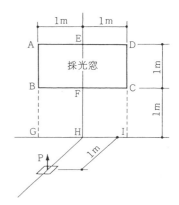

　　□ EHID の立体角投射率 U_1 を求めると，

$$X_0 = \frac{X}{Z} = \frac{(^1\qquad)}{(^2\qquad)} = (^3\qquad)$$

$$Y_0 = \frac{Y}{Z} = \frac{(^4\qquad)}{(^5\qquad)} = (^6\qquad)$$

　　図 6 から，$U_1 = (^7\qquad) \%$

　　□ FHIC の立体角投射率 U_2 を求めると，

$$X_0 = \frac{X}{Z} = \frac{(^8\qquad)}{(^9\qquad)} = (^{10}\qquad) \qquad Y_0 = \frac{Y}{Z} = \frac{(^{11}\qquad)}{(^{12}\qquad)} = (^{13}\qquad)$$

　　図 6 から $U_2 = (^{14}\qquad) \%$ となり，採光窓 EFCD の立体角投射率は，$U_1 - U_2 = (^{15}\qquad) \%$ となる。採光窓 ABFE の立体角投射率は，上記の採光窓 EFCD と同じ条件であるので，採光窓 ABCD の立体角投射率 U は，次式で求められる。

　　$U = (U_1 - U_2) \times 2 = (^{16}\qquad) \times 2 = (^{17}\qquad) \%$

　　また，窓有効率 $K=1$ より，立体角投射率は昼光率に一致する。したがって，P 点の昼光率は $(^{18}\qquad) \%$ となる。

▌14 採光と照明（2）

学習のポイント（教科書 p.51 ～ p.54） ■▌

1. 採光は，窓の形態で変化するので，室の用途に適した方式を選ぶようにする。

2. 室内を良好な照明状態とするには，照度分布を均等にし，照明器具のまぶしさを抑える。

1 右図の①～③に該当する採光窓の形態を（　　）内に入れ，その概要として該当するものを⑦～⑨から選び，〔　　〕内に記入せよ。

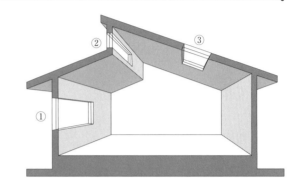

① （　　　　）採光，〔　〕

② （　　　　）採光，〔　〕

③ （　　　　）採光，〔　〕

⑦ 屋根や天井面に設けられた窓から採光する方式のこと。

⑦ 天井付近の鉛直または鉛直に近い窓から採光する方式のこと。

⑨ 側壁に設けられた窓から採光する方式のこと。

2 次の文の（　　）内に適切な語句または数値を記入せよ。

(1) 昼光による採光の欠点を補うために，人工光源によって必要な明るさを得ることを（^{1}　　　　）という。

(2) 人工光源には，（^{2}　　　　），（^{3}　　　　）などの各種放電灯，（^{4}　　　　）などがある。

(3) 物体の色の見え方を左右する光源の性質のことを（^{5}　　　　）という。

(4) 室全体を照明する（^{6}　　　　）に対し，必要な面だけを明るくする照明を（^{7}　　　　）という。

(5) JIS では，最小照度値を平均照度値で割ったものを（^{8}　　　　）という。

(6) 照明の方式には，光源から直接光を利用する（^{9}　　　　）と，天井や壁で反射した光を利用する（^{10}　　　　）とがある。

TOPIC　有効採光

建築基準法第 28 条，施行令第 19 条に居室の採光に有効な面積の床面積に対する割合が，住宅では $\frac{1}{7}$ 以上，学校の教室では $\frac{1}{5}$ 以上などと定められている。つまり教室の場合，採光上有効な窓などの面積が，その教室の床面積の $\frac{1}{5}$ 以上なければならない。施行令第 20 条には，隣地境界などからの距離や高さ方向の位置に応じた窓などの採光上の有効性（採光補正係数）が示され，また，天窓の採光上の有効性が一般に同位置の側窓の 3 倍となることなどが示されている。

▌15 色彩（1）

学習のポイント（教科書 p.55 ～ p.59）■▌

1.　色を表す体系を表色系といい，日本産業規格（JIS）ではマンセル表色系が用いられている。

2.　色には，さまざまな心理効果があり，色の組み合わせによって，その効果が強められたり弱められたりする。

1　次の文の（　　）内に適切な語句を記入せよ。

(1)　マンセル表色系では，(^{1}　　　），(^{2}　　　），(^{3}　　　）の 3 要素で色を表す。

(2)　色相環において，中心をはさんで相対する色は（^{4}　　　）の関係となる。

(3)　PCCS では，12 の色調区分を設定し，（^{5}　　　）と（^{6}　　　）で色を表す。

(4)　2 色以上を組み合わせて構成することを（^{7}　　　）という。

(5)　とくに目的をもたずに眺めているときに人の目を引きやすい色の性質を（^{8}　　　）という。

(6)　文字や図形などが人の目に認められやすい性質を（^{9}　　　）という。

(7)　同一色が，面積の大小によって明度・彩度が異なって見えることを（^{10}　　　）という。

2　次の表は配色の効果についてまとめたものである。（　　）に適切な語句を記入せよ。

配色の効果	説　　明
(^{1}　　　）	異なる色を二つ並べて，同時に見るときに起こる対比のこと。
(^{2}　　　）	二つの色を時間的な差をおいて見るときに起こる対比のこと。
(^{3}　　　）	同じ色を，明るい色を背景にした場合と，暗い色を背景にした場合で比較すると，暗い色を背景にした場合のほうが，明るく見える対比のこと。
(^{4}　　　）	赤と青緑のような補色を並べると，たがいにあざやかさを増す対比のこと。
(^{5}　　　）	囲まれた色が，周囲の色に近づく方向に変化して見えること。

3　次の①～⑦の色は，暖色，寒色，中性色のいずれであるか，下表に番号を記入せよ。

①　赤（R）　　②　緑（G）　　③　青紫（PB）　　④　紫（P）　　⑤　黄赤（YR）
⑥　青（B）　　⑦　黄（Y）

暖　色	
寒　色	
中性色	

16 色彩（2）

学習のポイント（教科書 p.59 ～ p.61）■■|

1. 色彩計画を行うにあたっては，建築物の機能性・芸術性・社会性・経済性および安全性などのさまざまな面から検討する。

2. 建築物の外観には，敷地周辺の自然，地域，町並の色彩を分析し，景観に調和する色彩を用いる。

3. 建築物の内部空間には，色彩のもつ心理的効果を考慮し，用途に応じて適切な色彩を用いる。

1 次の語句にあてはまるものをたがいに線で結べ。

(1) 基調色・　　　　・⑦ 比較的大きな面積となる屋根や柱，バルコニーなどの部分に用いる。

(2) 配合色・　　　　・① 建築物の外壁など面積の最も大きい部分に用いる。

(3) 強調色・　　　　・⑦ 小面積の部分に用い，建築物や空間の印象を引き締めたり，変化をもたせたりする。

2 次の文の（　　）に適切な語句を記入せよ。

(1) 住宅の場合，基調色となる壁は比較的（¹　　　）明度で（²　　　）彩度とし，天井は（³　　　）明度，床は（⁴　　　）明度とすると，安定した空間となる。

(2) 事務所の事務室や小学校の教室の場合，執務や学習に集中できるように，基調色を（⁵　　　）明度で（⁶　　　）彩度とする。

(3) 店舗の場合，商品のイメージに対応した色彩や（⁷　　　）を重視した色彩とすることが多い。

(4) 工場などの場合，（⁸　　　）を重視し，安全で能率的な空間となるような色彩を選定する。

(5) 建築物の内外の空間を用途や機能に応じて分けることを（⁹　　　）といい，その効果を高めるために（¹⁰　　　）が利用されることがある。

(6) JIS では，（¹¹　　　）を定め，表示する内容ごとの色彩を統一することで，危険の認識や避難の方向などをすみやかに知ることができるようにしている。

Topic　色の種類

　色は，理論的には 750 ～ 1000 万種類あるといわれているが，人間の眼ではこれらのすべてを識別できない。識別できる色は約 50 万種類であり，実用面では約 300 種類に区分して用いられている。

🔟 音響（1）

1. 音の強さのレベルは，最小可聴音に対する音の強さの比の対数の 10 倍で表される。

2. 音の強さのレベルの和は，その数値の単純な和にはならない。

3. 室内を静かで快適な環境にするためには，騒音防止の対策が必要である。

1　次の語句の説明文および単位について関係の深いものをたがいに線で結べ。

① 騒音レベル・　　　・⑦ 人に聞こえる最小の音の強さに対する・　　・ⓐ W/m^2
　　　　　　　　　　　　各音の強さの比の対数の 10 倍で表し
　　　　　　　　　　　　たものをいう。

② 音の強さ・　　　　・⑦ 入射音が壁や窓などによって遮音され・　　・ⓑ dB
　　　　　　　　　　　　る量のことをいう。

③ 音の強さのレベル・　・⑦ 音波の進む方向に垂直な単位面積(1 m^2)・
　　　　　　　　　　　　あたりの音のエネルギーをいう。

④ 透過損失・　　　　・⑦ JIS で定められた騒音計で測定した音・
　　　　　　　　　　　　のレベルのことをいう。

2　100 dB の音が二つ存在するとき，音の強さのレベルを求めよ。

3　次の文の（　　）内に適切な語句または数値を記入せよ。

⑴ 人が聞くことのできる音の周波数の範囲は，一般に（^{1}　　）〜（^{2}　　）Hz である。

⑵ 透過損失は，一般に（^{3}　　）の大きい材料ほど大きくなる。

⑶ 吸音エネルギーの，入射音エネルギーに対する割合を（^{4}　　）という。

⑷ 吸音材料には，（^{5}　　）・（^{6}　　）・（^{7}　　）などがある。

⑸ 集合住宅などにおいて，上の階の靴音や家具の移動などによって生じる衝撃音を（^{8}　　）といい，子供の飛びはねなどによって生じる衝撃音を（^{9}　　）という。

4　次の⑴〜⑷に騒音防止の方法をあげよ。

⑴ （　　　　　　　　　　　）

⑵ （　　　　　　　　　　　）

⑶ （　　　　　　　　　　　）

⑷ （　　　　　　　　　　　）

⏸ 音響（2）

1. 反響（エコー）は，音源から発生した一つの音が，はじめに直接音，次に反射音が聞こえて，二つの音になる現象である。

2. 残響時間は，室容積に比例し，室内の総吸音力に反比例する。

---

1 次の文の（　）内に適切な語句または数値を記入せよ。

(1) 室内で人の耳に達する音には，音源から直進する（¹　　　）と，天井や壁などではね返される（²　　　）がある。

(2) 反響（エコー）が起きないようにするためには，音の速さが常温（15℃）で約（³　　）m/s であるから，（⁴　　）の伝わる距離と（⁵　　）の伝わる距離の差が（⁶　　）m を超えないようにする。

(3) 音源から発生した音は，天井や壁などで（⁷　　）を繰り返し，そのたびにそれらの材料に（⁸　　）されて減衰するため，音が鳴りやんでからも，わずかの間室内に残る。

(4) （⁹　　）が短すぎると，余いんがなく，味気ない音質になる。

(5) 音の強さのレベルが（¹⁰　　）dB 低下するまでの時間を（¹¹　　）という。

(6) 仕上材の表面積に吸音率を掛けたものを（¹²　　）という。

2 床面積 300 m²，天井高 8 m の映画館の残響時間を求め，最適残響時間と比べよ。ただし，室内の総吸音力は 350 m² とする。

室容積 $V =$（¹　　　）×（²　　　）=（³　　　）m³

式(4)（教科書 p.70）から，

$$T_{60} = 0.161 \frac{V}{A} = 0.161 \times \frac{(^4 \qquad)}{(^5 \qquad)} ≒ (^6 \qquad) 秒$$

図 12（教科書 p.69）から，この室の最適残響時間は約（⁷　　　）秒であるので，この室の残響は最適で（⁸　　）。

TOPIC　フェスティバルホールの音響設計

西日本を代表する音楽堂であるフェスティバルホール（大阪市北区）は，フェスティバルタワー（地上 39 階，地下 3 階，高さ 200 m，2012 年 11 月竣工）の低層部分に配置されている。音楽ホールには，ステージの背面（音響反射板）と客席の側壁に，縦横 1 m，高さ 45 cm の凸形の拡散体が計 811 個取り付けられている。奥行きや角度の異なる 10 種類の拡散体が，音をさまざまな方向に反射させ，まんべんなく客席に届くように設計されている。

第 2 章　住宅の計画

1 住宅の意義（1）

学習のポイント（教科書 p.74 〜 p.76）

1. 住宅は，居住する人が安全で快適に生活できるように計画することがたいせつである。
2. 住宅は，住宅数・機能・所有形態などによって，いろいろな種類に分けられる。

1 次の文の（　　）内に適切な語句を記入せよ。

⑴ 住宅は，人々が社会生活での疲れをいやし，憩いややすらぎを得て，明日への活動に備えるための場であり，(^{1}　　　）・(^{2}　　　）・(^{3}　　　）・睡眠など基本的な(^{4}　　　）が行われる。

⑵ 人間の生活は，(^{5}　　　）・(^{6}　　　）・所得・(^{7}　　　）・(^{8}　　　）などによって異なり，また，(^{9}　　）とともに変化する。

⑶ 住宅は，そこで営まれる(^{10}　　　）に適応するとともに，(^{11}　　　）や(^{12}　　　）に柔軟に対応するものでなければならない。

2 次の語句と関係の深いものをたがいに線で結べ。

① 一戸建住宅・　　　　・㋐ 2 戸以上を一つにまとめた住宅。

② 集合住宅　・　　　　・㋑ 1 戸ごとにつくられた住宅。

③ 併用住宅　・　　　　・㋒ 住むことだけを目的とした住宅。

④ 専用住宅　・　　　　・㋓ 店舗・診療所・工場などの業務に使用される居住しない部分と，居住部分を結合させた住宅。

⑤ 連続住宅　・　　　　・㋔ 1 棟に 2 戸以上を，縦，横に積み重ねた住宅。

⑥ 共同住宅　・　　　　・㋕ 1 棟に 2 戸以上を横に連ねた住宅。

3 次の図の（　　）内にあてはまる適切な語句を記入せよ。

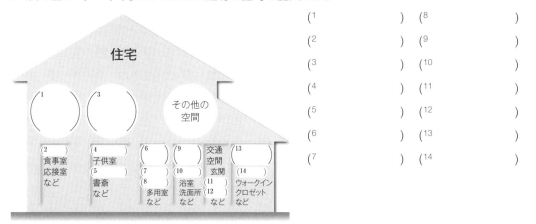

(^{1}　　　　　　）　(^{8}　　　　　　）

(^{2}　　　　　　）　(^{9}　　　　　　）

(^{3}　　　　　　）　(^{10}　　　　　　）

(^{4}　　　　　　）　(^{11}　　　　　　）

(^{5}　　　　　　）　(^{12}　　　　　　）

(^{6}　　　　　　）　(^{13}　　　　　　）

(^{7}　　　　　　）　(^{14}　　　　　　）

▌2 住宅の意義（2）

学習のポイント（教科書 p.77 ～ p.79）▮▮▌

1. 住宅は，長期にわたって家族の快適な生活が保障される性能をもつことが望まれる。
2. 住宅の性能については，日本住宅性能表示基準が定められている。

1 次の文の（　　）内に適切な語句を記入せよ。

⑴ 住宅は，そこに住む家族が，（¹　　　）で（²　　　）な生活を営むことができる場でなければならない。

⑵ 住宅は，（³　　　　）のみだけでなく，（⁴　　　）にわたって家族の快適な生活が保障される性能をもつことが望まれる。

⑶ 住宅の性能については，「住宅の品質確保の促進等に関する法律」に基づき，（⁵　　　　　　　　　）が定められている。この基準には，構造の安定，（⁶　　　　　），（⁷　　　　　），維持管理・更新への配慮，（⁸　　　　　），空気環境，光・視環境，（⁹　　　　），（¹⁰　　　　　　　），防犯の10項目があり，性能の度合いによって（¹¹　　　　）が分けられている。

⑷ 「長期優良住宅の普及の促進に関する法律」には，将来における（¹²　　　　）が可能な措置の対策として，共同住宅の住戸の（¹³　　　　）などについての基準がある。

⑸ 住宅内において，移動を容易にするバリアフリー対策の例として，間取りのくふう，（¹⁴　　　　　　），（¹⁵　　　　　　　），手すりの設置がある。

⑹ 住宅の空き巣ねらいなどの被害から居住者の安全と財産を守るためには，（¹⁶　　　）からの侵入の防止や，周囲からの（¹⁷　　　　）をよくするなど，防犯環境設計の視点に基づいた計画を行う。

⑺ 住宅を長期間使用すると，新築にともなう多くの（¹⁸　　　　）や（¹⁹　　　　）を消費せず，解体時の（²⁰　　　　　　）を出さないため，地球環境への負荷を減らすことにつながる。

2 次の文について，適切なものには○印，不適切なものには×印を（　　）内に記入せよ。

⑴（　　）住宅品確法は，欠陥住宅対策と良質な住宅供給をはかる目的で制定された。

⑵（　　）高齢者などが使用する居間と寝室と便所は近接させない方がよい。

⑶（　　）防犯環境設計とは，建築物など物的な環境を適切に整備することで，犯罪の機会を減らすことができるという考え方である。

⑷（　　）防犯の視点から，植栽や塀は，道路などからの見通しが悪くならないように配慮した。

⑸（　　）長期間使用できる良質な住宅をつくることと，構造躯体の耐久性を高めることはほとんど関係がない。

⑹（　　）長期間使用できる良質な住宅をつくるためには，居住者のライフステージの変化に応じて，間取りの変更が可能な措置が講じられていることがたいせつである。

❸ 住宅計画の進め方（1）

学習のポイント（教科書 p.80 ～ p.81）

1. 住宅の構想は，企画から計画という順序に従って行われ，設計へと引き継がれていく。

2. 企画・計画・設計の作業は，境界が明確でない場合が多く，必ずしも企画から計画へ，計画から設計へと一方向に流れるプロセスではない。前の段階に立ち戻り，再検討や調整を行ったり，先の段階を見越した検討を行ったりする。

1　次の文の（　　）内に適切な語句を記入せよ。

⑴　建築物を企画・計画することを（¹　　　）といい，計画の内容を受けて設計・施工し，建築物ができるまでの過程を（²　　　）という。

⑵　企画の段階で建築物の（³　　　　）を明確化するとともに，（⁴　　　　）を行い，これをもとに計画を行う。

⑶　企画・計画・設計の作業は，（⁵　　）が明確でない場合が多く，必ずしも（⁶　　）から計画へ，計画から（⁷　　）へと（⁸　　）に流れるプロセスではない。

⑷　設計者・施工者は，建築主が（⁹　　　　）や，（¹⁰　　　　　）の変化による改修・（¹¹　　）などを行いやすい配慮が必要である。

2　次の図の（　　）内に適切な語句を記入せよ。

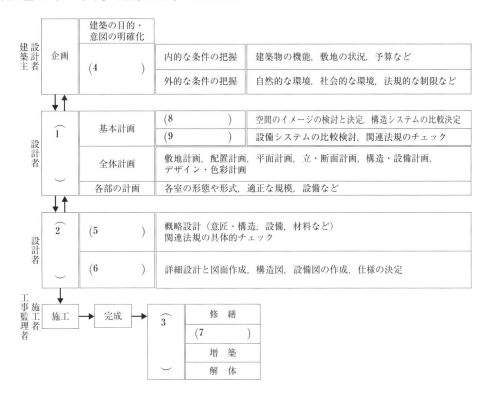

建築主 設計者	企画	建築の目的・意図の明確化		
		（⁴　　　　）	内的な条件の把握	建築物の機能，敷地の状況，予算など
			外的な条件の把握	自然的な環境，社会的な環境，法規的な制限など
設計者	（¹　　）	基本計画	（⁸　　　）	空間のイメージの検討と決定，構造システムの比較決定
			（⁹　　　）	設備システムの比較検討，関連法規のチェック
		全体計画		敷地計画，配置計画，平面計画，立・断面計画，構造・設備計画，デザイン・色彩計画
		各部の計画		各室の形態や形式，適正な規模，設備など
設計者	（²　　）	（⁵　　　）		概略設計（意匠・構造，設備，材料など）関連法規の具体的チェック
		（⁶　　　）		詳細設計と図面作成，構造図，設備図の作成，仕様の決定
工事監理者 施工者	施工　→　完成　→　（³　　）	修繕 / （⁷　　　） / 増築 / 解体		

▌4 住宅計画の進め方（2）

1. 住宅の企画では，目的と意図を明確にし，建築主などから示されるさまざまな要求や建築物を取りまく状況を調査・分析し，建築の条件と制約を正確に把握しなければならない。

2. 住宅の企画を行うにあたっての必要な条件には，内的な条件と外的な条件がある。

3. 企画で把握した条件のもとに，建築主にとって理想の建築空間をつくり出すための構想を練る作業を計画という。

1 次の文の（　　）内に適切な語句を記入せよ。

(1) 住宅の企画では，(^{1}　　）と（^{2}　　）を明確にし，（^{3}　　）などから示されるさまざまな要求や建築物を取りまく状況を（^{4}　　）・分析し，建築の条件と（^{5}　　）を正確に把握しなければならない。

(2) 質の高い住宅を建てるには，それを使用する（^{6}　　）を知り，住宅の用途，（^{7}　　）などを明確にしておく必要がある。

(3) 住宅の企画を行うにあたって必要な条件には，建築主などから示される（^{8}　　）と，住宅や敷地をとりまく状況から生じる（^{9}　　）がある。設計者は，これらの条件を的確に把握するため，（^{10}　　）などを作成し，（^{11}　　）や資料の収集をきめ細かく行う。

(4) 安全で（^{12}　　）な建築物を効率よく実現するために，企画の段階で（^{13}　　）の確認をじゅうぶんに行う。なお，建築基準法は（^{14}　　）を定めたものであるため，計画・設計にあたっては，法規上の制限よりもできるだけ（^{15}　　）をもたせるよう心がける。

(5) 基本計画の構想を（^{16}　　）するにあたっては，内的および外的な条件を整理したうえで，（^{17}　　）を設定し，住宅を考える（^{18}　　）を明確化する。

2 下表の（　　）内に適切な語句を記入せよ。

項　目	内　容
敷地調査費	（^{1}　　），（^{2}　　）など
設計費	（^{3}　　），（^{4}　　），（^{5}　　），工事監理など
工事費	（^{6}　　），設備工事，（^{7}　　）など
その他	（^{8}　　），税金，（^{9}　　），上棟式，（^{10}　　），引越しなど

3 次の文の（　　）内に適切な語句または数値を記入せよ。

(1) 住宅の居室においては，室面積の（^{1}　　）以上の採光上有効となる面積の（^{2}　　）を設ける。

(2) 住宅の階段を設ける場合は，幅（^{3}　　）cm 以上，け上げ（^{4}　　）cm 以下，踏面（^{5}　　）cm 以上を確保する。

5 全体計画（1）

学習のポイント（教科書 p.88 ～ p.90）

1. 敷地は，自然的な要素と社会的な要素にめぐまれた土地を選ぶようにする。

2. 住宅の配置計画にあたっては，玄関までのアプローチ，駐車スペースの位置，日照，通風，プライバシー，敷地の有効利用などを考慮する。

3. 住宅の配置計画を行う際は，建蔽率や容積率を遵守する必要がある。また，建築関連法規により定められた制約を整理することが望ましい。

1 下表の（　　）内に適切な語句を記入せよ。

自然的な要素	社会的な要素
緑地などの（¹　　　　）にめぐまれ，健康的で（²　　）な，下記のような条件を満たすところを選ぶようにする。	法的な制限によって（¹³　　　　）が保護され，（¹⁴　　）に便利な，下記のような条件を満たすところを選ぶようにする。
① 新鮮な（³　　　）とじゅうぶんな（⁴　　　）が得られる。	① 人や（¹⁵　　　）の往来が少なく，静かである。
② 冬季に（⁵　　）を防ぎ，夏季に（⁶　　）が得られる。	② （¹⁶　　　）・通学（¹⁷　　　）などが便利である。
③ 高台にあり，（⁷　　）が少なく，かつ（⁸　　）がよい。	③ （¹⁸　　）・銀行・（¹⁹　　）などの施設が近くにある。
④ 地下水位が低く（⁹　　）である。	④ 道路が（²⁰　　）されている。
⑤ 地盤が（¹⁰　　）である。	⑤ （²¹　　　）・（²²　　　）・ガスなどの（²³　　　）が完備している。
⑥ 風害や浸水，（¹¹　　）などの災害のおそれがない。	⑥ 工場や（²⁴　　）を取り扱う施設が近くにない。
⑦ （¹²　　　）のおそれがない。	⑦ （²⁵　　）上好ましくない施設が近くにない。

2 次の文の（　　）内に適切な語句または数値を記入せよ。

(1) 配置計画は，玄関までのアプローチや（¹　　　　　　）の位置と道路との関係に留意し，自動車の出し入れの（²　　　）と歩行者の（³　　　）をそこなわないように行う。

(2) 住宅の配置計画にあたって，隣地境界線からの距離は，民法では，原則として（⁴　　）cm以上と定めているが，防火・通風，設備の配管などの観点から，（⁵　　）m以上とする。

(3) 駐車スペースを住戸外に設ける場合，（⁶　　）や（⁷　　）と連絡しやすい位置に設け，人と車の出入口を（⁸　　）する。

(4) 敷地が南北に細長い場合は，（⁹　　）や坪庭を設けることにより，日照条件や通風条件を向上させることができる。

(5) 門扉と玄関の間は，（¹⁰　　　　）を設けて余裕のある空間とするとともに，玄関まわりには（¹¹　　　）を設ける。

(6) 門扉と玄関の間に車いすなどの利用を考慮して設けるスロープは，勾配（¹²　　　）以下，幅（¹³　　）m以上が望ましい。

⑥ 全体計画 (2)

1. 平面計画は，計画の条件を整理・分析し，計画目標をもとに，建築物の平面的な形状や各室の配置などを決めることをいう。
2. 断面計画では，各室の用途や機能に合わせた天井高さを検討する。また，プライバシーの確保や眺望などを考慮して，開口部の高さを検討する。
3. 立面・断面計画や構造・設備計画は，平面計画と並行して行う。

1 次の平面計画の手順を示した図の（　）内に適切な語句を記入せよ。

生活行為の抽出	—— 住宅の中で行われる人々の生活行為を選ぶ。
↓	
(¹　　　　　　　)	—— 生活行為にともなう動作の空間や家具などを考える。
↓	
(²　　　　　　　)	—— 平面要素の内容を整理する。
↓	
(³　　　　　　　)	—— 共通の平面要素をまとめて室にする。
↓	
(⁴　　　　　　　)	—— 共通する機能や性格をもつ室をグループ化し，ブロックに分ける。
↓	
(⁵　　　　　　　)	—— 各ブロックの組み合わせや配置を考える。
↓	
室の配置の検討	—— 各室のつながりや配置を考える。

2 次の住宅の室において，家事空間にはA，生理・衛生空間にはB，交通空間にはC，収納空間にはDの記号を（　）内に記入せよ。

(1) (　) 納 戸　　(2) (　) 台 所　　(3) (　) 浴 室　　(4) (　) 洗面所

(5) (　) 便 所　　(6) (　) 押 入　　(7) (　) 家事室　　(8) (　) 廊 下

(9) (　) 玄 関　　(10) (　) ウォークインクロゼット

3 次の文の（　）内に適切な語句を記入せよ。

(1) 住宅を木構造で計画する場合は，(¹　　　　　　　) や柱・梁材の規格寸法などについて考慮する。また，柱や耐力壁を (²　　　　) よく配置し，(³　　　　) を考慮した計画を行う。

(2) 住宅の設備計画にあたっては，家族の (⁴　　　　) や生活意識，規模，予算などのほか (⁵　　　　　　) に留意する。

(3) 住宅の外観のデザインを検討する際には，(⁶　　　　) の要望や (⁷　　　) を考慮する。

(4) 住宅の内部については，天井の形状や高さの変化のほか，壁の曲面や床高の変化や，室の用途に適した (⁸　　　　) を取り入れて計画する。

(5) 住宅の内部の色彩については，(⁹　　　) の低い色を基本に構成する。

▌**7** 各部の計画（1）

学習のポイント（教科書 p.97 ～ p.103）▐▌

1. 家族の共同的な空間には，居間・食事室などがある。これらの室は，家族の構成，ライフスタイルや考え方により，広さや配置，組み合わせが異なる。

2. 個人の生活空間には，夫婦寝室・子供室・老人室・書斎などがあり，それぞれ独立性をもたせるように計画する。

1 次の文の（　　）内に適切な語句を記入せよ。

(1) 居間は，家族の（^{1}　　　　），娯楽などの場であると同時に，家族の（^{2}　　　　）な生活の中心となる室であるため，できるだけ（^{3}　　　）・通風・（^{4}　　　）など条件のよい位置に設ける。

(2) 居間の位置の取り方には，（^{5}　　　　　　）とのつながり方や，居間に交通空間としての（^{6}　　　　　　）を取り入れるか，独立させるかにより二つの場合が考えられる。

(3) 居間の中に交通空間を設けると，家族間の（^{7}　　　　　　　　　）が取りやすいが，来客時に居間を（^{8}　　　　　）として使用するには適さない。

(4) 一般的な居間の形態には，食事室を兼ねた（^{9}　　　　　　　　　　　　），食事室と台所を組み合わせた（^{10}　　　　　　　　　　　　），茶の間とつながったものなどがある。

2 次の文にあてはまる食事室の形態の名称を（　　）内に，略号を［　　］内に記入せよ。

名称　　　　　　略号

(1) 食事室と居間が一つになっており，
家族の団らんの場を広く使うことができる。─── （　　　　　　　　） ［　　　］

(2) 食事と調理が直結して家事の能率が
がよい。居間の独立性を保ちやすい。─── （　　　　　　　　） ［　　　］

(3) 食事専用の室となっており，
落ち着いて食事をすることができる。─── （　　　　　　　　） ［　　　］

(4) 台所と食事室，居間が一つになって
いるもの。─────────────── （　　　　　　　　） ［　　　］

3 次の語句にあてはまるものをたがいに線で結べ。

① 夫婦寝室・　　　　　・⑦ 寝室であるとともにさまざまな活動ができることが求められる。生活行為の変化に対応できる融通性のある空間として計画する。

② 子供室　・　　　　　・④ 日照を確保しやすい（南側などの）方位に設け，浴室・便所と近接させる。2 階建の場合は 1 階に設ける。

③ 老人室　・　　　　　・⑦ 個室としての性格が強く要求される。書斎・浴室・便所などとの関連を深めて機能を高めるようにする。

▌8 各部の計画（2）

学習のポイント（教科書 p.103 ～ p.106）■■▌

1. その他の空間には，家事空間，生理・衛生空間，交通空間，収納空間などがある。

2. 家事空間には，台所・家事室などがあり，一連の家事作業を効率よく進めることを考慮して計画する。

3. 便所・浴室・洗面所は，一般には，生理・衛生空間として一つにまとめ，夫婦寝室や子供室，老人室の近くに設けられることが多い。

1　次の文の（　　）内に適切な語句を記入せよ。

(1)　ブロックプランニングで学んだように，(¹　　　　)・(²　　　　)・(³　　　　)・(⁴　　　　) などは，給排水・衛生設備の配管とのかかわりを考慮して (⁵　　　　) させ，上下階に設置する場合は，できるかぎり (⁶　　　　　　) 位置に設けて計画する。

(2)　台所の作業は，準備から配ぜんというように (⁷　　　　) に流れるものではなく，いくつかの作業が重複し，同時に行われるため，(⁸　　　　) や (⁹　　　　) の位置，作業順序などを考慮して (¹⁰　　　　　) を配置する。

(3)　台所の形態には，台所と食事室が一体になった (¹¹　　　　　) や，戸棚やハッチで仕切られた (¹²　　　　　)，台所と食事室の間に間仕切のある (¹³　　　　　) などがある。

(4)　家事室は，(¹⁴　　　　　) ともいい，調理以外の家事の中心となる場であり，必要に応じていろいろな作業のできる (¹⁵　　　　　　　) の性格をもたせる場合がある。

2　次の文について，適切なものには○印，不適切なものには×印を（　　）内に記入せよ。

(1)（　　）便所・浴室・洗面所は，一般に生理・衛生空間として一つにまとめ，夫婦寝室や子供室の近くに設けた方がよいが，老人室からは離した方がよい。

(2)（　　）一般的な住宅の便所の広さは，内法寸法80 cm×120 cm程度の広さが必要である。

(3)（　　）浴室での転倒事故を防ぐために，適切な位置に手すりを設置し，浴室と脱衣室の床面の段差をできるだけ小さくする。

(4)（　　）高齢者や障がい者などの使用を考慮し，便所・浴室・洗面所を1か所にまとめたものをマルチパーパスルームという。

(5)（　　）住宅の浴室には，規格化された寸法の浴槽や天井などを工場で成形し，現場でそれらを組み立てるユニットバスを設置することが多い。

❾ 各部の計画（3）

学習のポイント（教科書 p.106 ~ p.109） ■■▏

1. 階段は，上階と下階を連結する廊下に相当するため，廊下と幅をそろえることが望ましい。

2. 収納空間には，納戸・ウォークインクロゼット・押入などがある。収納空間の広さや位置は，住宅の規模や使用方法などを考慮して決める。

3. 敷地内の外部空間には，駐車・駐輪スペースやサービスヤードがある。

---

1 次の文について，適切なものには○印，不適切なものには×印を（　　）内に記入せよ。

(1)（　　）玄関の位置は，敷地の形状や道路との関係などで制約を受ける。

(2)（　　）玄関の扉は，防犯性などから外開きとするのが望ましい。

(3)（　　）玄関の近くにガレージやカーポートを設ける場合には，人と車の出入りが交差しないよう留意する。

(4)（　　）玄関の外側にはポーチを取り，その上部にはひさしを設ける。

(5)（　　）玄関には，はき物や雨具などを収納する空間を設ける。

2 次の文の（　　）内に適切な語句または数値を記入せよ。

(1) 廊下の位置は，（¹　　　）の採光や通風などを考慮して決める。

(2) 廊下の幅は，住宅では（²　　　）cm 程度とすることが多いが，人のすれ違いの多い廊下や車いすの使用を考慮する場合は，（³　　　）cm 程度とするのが望ましい。

3 次の文の（　　）内に適切な語句または数値を記入せよ。

(1) 住宅の階段は，建築基準法上，幅（¹　　　）cm 以上，け上げ（²　　　）以下，踏面（³　　　）以上とし，高さが 1 m を超える階段には，必ず（⁴　　　）を設ける。

(2) 高齢者が利用する階段の勾配は一般に，け上げ（⁵　　　）~ 17 cm，踏面（⁶　　　）~ 26 cm の範囲とする。

(3) 寝室などに付属して，衣類などを収納したり，（⁷　　　）などを行うためには，（⁸　　　）が設けられることが多い。

(4) 和室においては，一般に寝具，衣類などを収納するため，（⁹　　　）が設けられる。

(5) 住戸と隣地境界線などの間には，物干場や屋外で用いる道具などの収納場所として，（¹⁰　　　）などを設ける場合がある。

(6) 屋内と屋外の中間的な空間を（¹¹　　　）という。

❿ バリアフリーとユニバーサルデザイン

学習のポイント（教科書 p.110 ～ p.115）■▮

1. 何がバリアになるかは居住者によりさまざまなため，ハウスアダプテーションを行う際には個別の対応が必要になる。

2. 車いすの生活になると，車いすの大きさ，座った姿勢での動作や行為，移乗や介助の必要性により求められる空間の条件が変化するため，大規模な改修が必要となることが多い。

1 次の文の（　　）内に適切な語句を記入せよ。

⑴ すべての人にとって使いやすいように配慮して製品や建築・都市空間などをデザインすることを（¹　　　　　　　）という。

⑵ 住宅内にある（²　　　　　　　）を軽減するために行う住宅改修を（³　　　　　　　　）という。

⑶ 住宅において日常生活を円滑にしたり，機能訓練のために使用したりする用具で，（⁴　　　　）や歩行器，介護ベッドなどのことを（⁵　　　　　　　）という。

⑷ （⁶　　　　　）はにぎりやすい形状を選択し，（⁷　　　）や位置に注意する。その際，壁の（⁸　　　）の有無を確認し，なければ補強する必要がある。

⑸ 道路から玄関までの（⁹　　　　　　　）は傾斜路として，（¹⁰　　　　）をなくす。傾斜路の勾配が急になる場合は，（¹¹　　　　　　　）などの設備を設ける。

⑹ エレベーターが設置できない場合は，（¹²　　　　　　　）で対応することもある。

⑺ 調理台と同様に，（¹³　　　　）の下も車いすで接近できるようにスペースを設ける。

2 次の文について，適切なものには○印，不適切なものには×印を（　　）内に記入せよ。

⑴（　　）上がりがまちの段差は車いすで乗り越えられる 10 cm 以下とし，高くても 20 cm 以下にする。

⑵（　　）廊下は幅員が 85 cm 以上あることが望ましく，95 cm あれば車いすも余裕をもって通行できる。

⑶（　　）居間や食堂などよく使用する部屋には車いすで回転できるスペース（直径 100 cm の円）を確保することが望ましい。

⑷（　　）車いすでも調理などができるように，調理台の下には床から 60 cm 以上の高さのスペースを設ける。

⑸（　　）洗面所と脱衣室は，浴室への移動がスムーズにできるように段差をなくし，滑りにくい床仕上げとする。

⑹（　　）浴槽縁の高さは，車いすや移乗台の高さと合わせるとスムーズに入浴できる。

⓫ 住宅の計画例

⑴　計画目標と計画条件の設定

1. 建築主から出される住宅に対する要望は，多種多様であり，敷地を取りまく環境や条件によっても大きく異なる。

2. 計画目標の設定は，建築主の要望のほか，敷地を取りまく状況や環境を調査・分析したうえで，専門的な知識・技術を用いて検討したものを設定する。

3. 計画条件の設定は，企画によって把握した内的・外的な条件と，計画目標に沿って，家族の生活の各場面でどのようなことが起こるのか予測し，その住宅に必要な機能を条件としてまとめ上げていく作業である。

■**問題**　教科書 p.116 〜 p.131 を参考にし，下表の条件に基づいて，住宅を計画せよ。

1　建築主の要望の整理

計画課題　　平家建木造専用住宅

主旨―ある地方都市の住宅地に夫婦（ともに会社員），子供 1 人（長男　高校 1 年生）の 3 人家族が住む，平家建木造住宅を計画する。

表 1　建築主からの要望

家族構成	3 人家族 ◇夫　：45 才　会社員 ◇妻　：42 才　会社員 ◇長男：16 才（高校 1 年生）	
新しい住宅に求める性能	①　家族のコミュニケーションに配慮をしてほしい。 　「家族での食事の時間」をたいせつにしたい。 ②　高齢化への配慮をしてほしい。 　玄関，廊下，トイレ，浴室などは，余裕をもった広さで使いやすくしてほしい。 ③　省エネルギーや防犯の配慮をしてほしい。 　できるだけ自然エネルギーを活用できるようにしてほしい。 ④　耐震性を重視してほしい。	
家族のライフスタイルからの要望事項	夫妻共通	①　子供室は 1 室設けるようにし，おもに就寝と学習が行えるようにしてほしい。 ②　普通乗用車 1 台分の駐車スペース，3 台分の駐輪スペースを確保してほしい。 ③　二人が，生涯安心して楽しく住める住宅にしてほしい。
	夫	①　趣味である読書が楽しめる書斎がほしい。
	妻	①　収納はできるだけ造付けにしてほしい。 ②　家族の顔を見ながら料理ができるようにしてほしい。
	長男	①　大きな勉強机がほしい。 ②　読書を楽しみたい。

表2　敷地の状況と周辺の環境

敷地の状況	敷地図
① 位置：東南角地（右図参照） ② 敷地面積：286 m²（東西 16 m×南北 18 m） ③ 敷地状況：敷地は平たんで，高低差がなく，地盤は堅固である。 ④ 交通機関：公共交通機関は便利であり，最寄駅まで徒歩7分程度である。 ⑤ 都市設備：上下水道・ガス・電気は完備している。 ⑥ 地域・地区：第一種低層住居専用地域，壁面後退 1.0 m，建築基準法第22条区域 ⑦ 建蔽率：40％＋10％(角地緩和)＝50％ ⑧ 容積率：80％ ⑨ その他：周囲は同じ位の広さの敷地が整備され，専用住宅が多く建つ閑静な住宅地である。	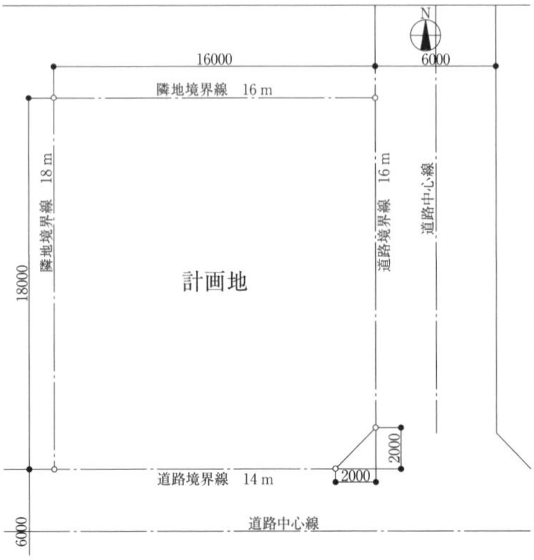 N 16000　6000 隣地境界線　16 m 隣地境界線 18 m　道路境界線 16 m　道路中心線 18000　計画地 2000 道路境界線　14 m　2000 6000　道路中心線

2　計画目標の設定

表1，表2に基づいて下の計画目標を設定し，主要な空間のイメージスケッチを下表に記入せよ。

（計画目標の数は各自で設定する）

表3　計画目標の設定

計画目標
①
②
③
④
⑤
⑥
空間のイメージスケッチ

3　計画条件の設定

表 1，表 2 に基づいて，下表の設計メモの（　　）内に適切な語句・数字を記入せよ。

（計画のポイントの数は，各自で設定してよい）

表 4　設計メモ

計画条件	
居住者の構成	性別　年齢　職業　　　　　　　趣　味 男　　45　　(^{1}　　　　　)　　(^{3}　　　　　　) 女　　42　　会社員　　　　　　料　理 男　　16　　(^{2}　　　　　)　　(^{4}　　　　　　)
敷地・法的規制	敷地面積：286 m^2（東西 16 m×南北 18 m） 地域・地区：(^{5}　　　　　　　　　　) 壁面後退 (^{6}　　　　)m，建築基準法第 22 条区域 建蔽率：40％＋(^{7}　　　)％（角地緩和）＝(^{8}　　　)％≦286×(^{9}　　　)＝(^{10}　　　)m^2 容積率：80％≦286×(^{11}　　　)＝(^{12}　　　)m^2 敷地状況：敷地は平たんで，高低差がなく，地盤は堅固である。 都市設備：(^{13}　　　)・ガス・電気は完備している。 周辺環境：周囲は同じ広さの敷地が整備され，専用住宅が多く建つ閑静な住宅地である。 接道の状況：東側幅員 6 m，南側幅員 (^{14}　　　)m の 2 面
建築物本体	住宅形式：(^{15}　　　　　　　) 構造・工法：木構造（在来軸組み工法） 規模：平家建
計画のポイント	①（　　　　　　　　　　　　）　②（　　　　　　　　　　　　　　） ③（　　　　　　　　　　　　）　④（　　　　　　　　　　　　　　） ⑤（　　　　　　　　　　　　）　⑥（　　　　　　　　　　　　　　）

4　計画の練りこみ

(1)　エスキスの作成準備

(a)　平面形状と配置の検討　右図の例を参考に，建築可能な平面のボリューム案を 4 案描き，グリッド数を求めよ（1 グリッドを 0.91 m×0.91 m と考え作図する）。

（例）

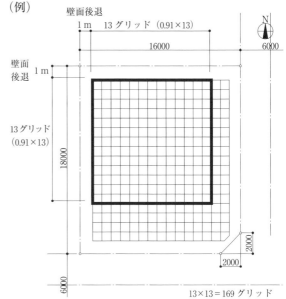

建築面積の上限は 143 m^2 であり，1 グリッドは 0.91 m×0.91 m＝0.828 1 m^2
よって建築可能な最大のグリッド数は
143 m^2÷0.828 1 m^2≒172.7 グリッド
172 グリッドまで建築可能なグリッド数となる。
右の例は平面が
13 グリッド×13 グリッド＝169 グリッドである。
169 グリッド×0.828 1 m^2＝139.95 m^2
143 m^2≧139.95 m^2
よって右の例の平面は，法規制に収まる平面のボリュームである。

敷地図

敷地図

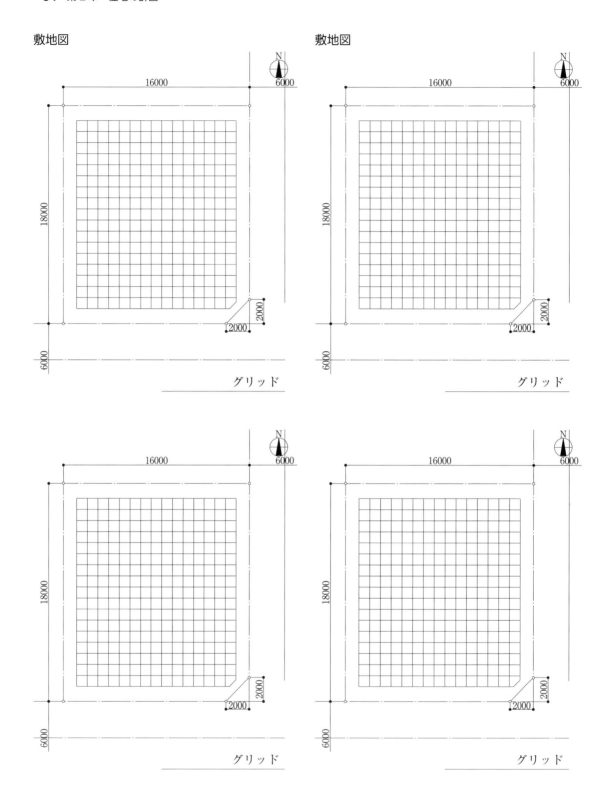

グリッド

グリッド

グリッド

グリッド

⒝　**立体スケッチ**　　前ページで検討した平面のボリューム案をもとに，例を参考にし，立体
的スケッチを4案描け。

（例）

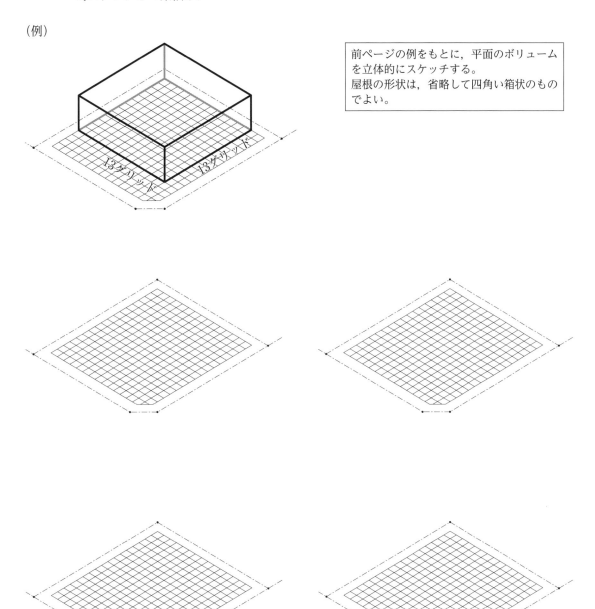

前ページの例をもとに，平面のボリューム
を立体的にスケッチする。
屋根の形状は，省略して四角い箱状のもの
でよい。

(c)　**アプローチと駐車スペースの検討**　　前面道路から住宅へのアプローチと，駐車スペースの位置について，例を参考にし，下図に 3 案描け。

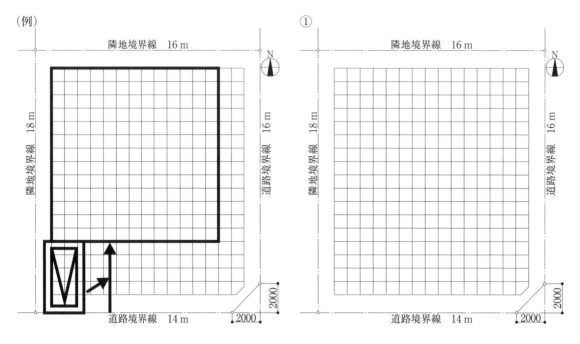

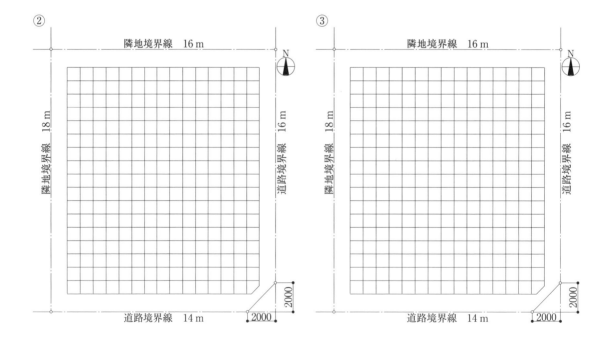

(2)　エスキスの作成

　(a)　初期エスキスの作成　　下図に初期エスキス（ブロックプラン）案を 2 案描け（1 グリッドを 0.91m × 0.91m と考え作図する）。

学習のポイント（教科書 p.122）■■|

1.　初期エスキスの段階では，計画条件を念頭において，各ブロックの組み合わせについて検討する。

2.　ブロックプランは，敷地の状況をふまえた案を，できるだけ自由に複数作成する。

3.　空間の広がり，光・風の採り入れ方などを考慮して，空間を立体的にとらえることを心がける。

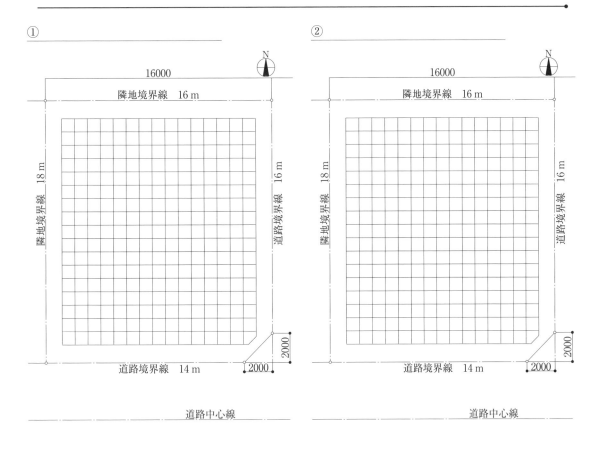

(b) 中期エスキスの作成 下図に，先の初期エスキスを発展させた中期エスキスを描け。

学習のポイント（教科書 p.123）■■

1. 家族で共有する共同的な空間やアプローチなどの配置から検討をはじめ，住宅全体のバランスを考える。
2. 各室の床面積，建蔽率の上限など，寸法も考慮しながら作図する。
3. 住宅の外観や，内外の空間構成について検討する。

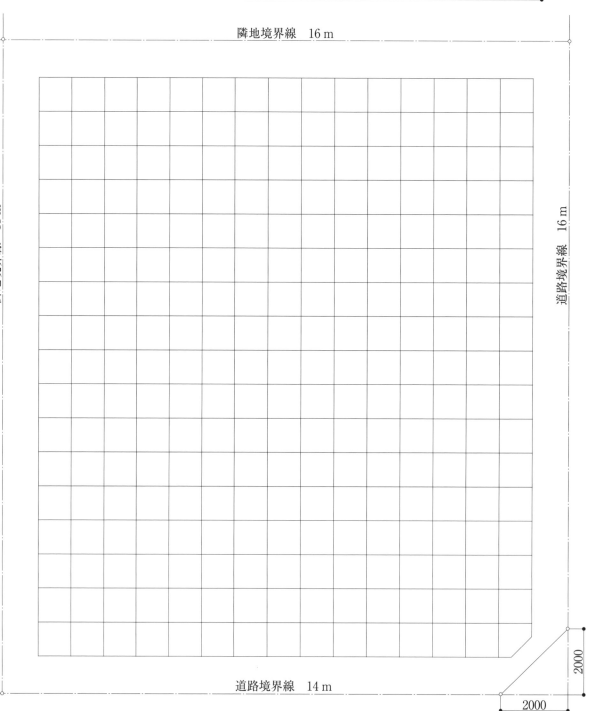

隣地境界線　16 m

隣地境界線　18 m

道路境界線　16 m

道路境界線　14 m

2000

2000

⒞　**後期エスキスの作成**　　下図に，先の中期エスキス案を発展させた後期エスキスを描け。

学習のポイント（教科書 p.123 ～ p.124）■▎

1.　建築主の要望を念頭に置き，各室の配置・つながり・相互関係を整合させる。

2.　開口部や耐力壁のほか，家具や住宅設備機器など主要なものを記入して，実際の大きさや配置
をイメージし，建築主の要望に合っているかどうか，もう一度点検を行う。

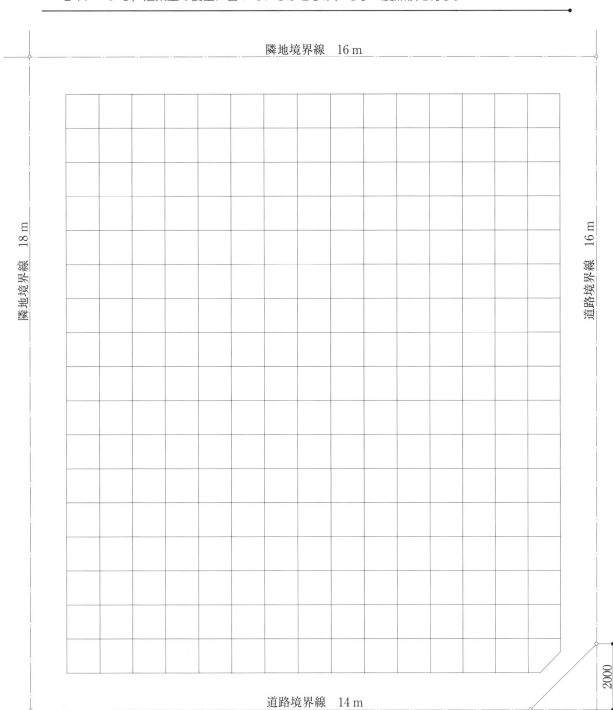

(d)　**立面・断面のエスキスの作成**　平面図をもとに，立面図を 2 面，断面図，屋根伏図を描け（1 グリッドを 0.91 m×0.91 m と考え作図する）。

学習のポイント（教科書 p.125 〜 p.127）■▮

1.　立面のエスキスは，できるだけ早い段階で平面のエスキスと並行して検討をはじめる。外観スケッチをフリーハンドで行い，スケッチから屋根伏図を作成する。

2.　各部の高さ，屋根の形状，開口部の配置，内法高を検討して立面図を作成する。

3.　断面のエスキスは，平面と立面のエスキスを念頭におき，生活の場面を想定して，内部空間のスケッチを描く。さらに 1/100 縮尺の断面エスキスで，各室の広さと高さのバランスを検討する。

・立面図

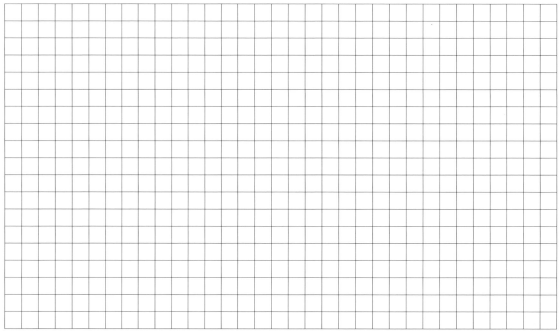

・断面図

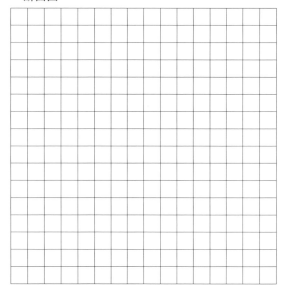

・屋根伏図

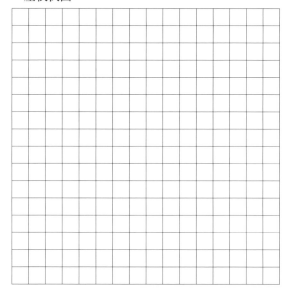

第 3 章　各種建築物の計画

① 集合住宅の計画（1）

学習のポイント（教科書 p.136 ～ p.137）■■

1. 集合住宅の計画にあたっては，周辺環境への影響にじゅうぶんに配慮することが求められる。

2. 集合住宅は，集合形式，高さ，住棟の形状などによって，さまざまな種類に分けられる。

1　次の文の（　　）内に適切な語句を記入せよ。

(1)　集合住宅は，1 住戸あたりの敷地面積が少ないため，人口の（¹　　　　　），土地の（²　　　　　）をはかれ，給排水・冷暖房などの設備を（³　　　）・集約化できる。

(2)　集合住宅を集団的・計画的に建てる区域を（⁴　　　　　）といい，特定行政庁の（⁵　　　　　）を受けると，道路と敷地の関係や，容積・高さ，日影に関する規制が緩和される。

(3)　高層の集合住宅は，（⁶　　　　　）や社会的な環境に変化をもたらす。

2　下表の（　　）内に適切な語句を記入せよ。

分　　　類	名　　　称	内　　　容
集合形式による分類	（¹　　　　）	1 棟に 2 戸以上を横に連ねたもの。
	（²　　　　）	1 棟に 2 戸以上を縦・横に積み重ねたもの。
住棟の形状による分類	（³　　　　）	棟の幅が奥行きに比べて長いもの。
	（⁴　　　　）	棟の幅と奥行きに対して，高さが著しく高いもの。
住戸形式による分類	（⁵　　　　）	1 住戸が 1 層で構成された形式。
	（⁶　　　　）	1 住戸が 2 層以上で構成された形式。

Topic　マンション　mansion

　　共同住宅の俗称として一般に使われているが，元来は，中世ヨーロッパの荘園領主の大邸宅を意味していた。また，これと同じ意味で，メゾン（maison：仏語＝住宅），レジデンス（residence：英語＝高層共同住宅），ハイツ（heights：英語＝高台住宅），コーポラス（corporous：英語＝共同住宅）などの用語がよく用いられている。

❷ 集合住宅の計画 (2)

学習のポイント（教科書 p.137 ～ p.139）■■▮

1. 集合住宅は，住棟の通路形式，住戸形式などによって，さまざまな種類に分けられる。

2. 長寿命化をはかるため，企画の段階から構造体と内部仕様を分離して考えるのが SI 方式である。

---

1 次の語句と関係する図を㋐～㋕から選び〔　　〕内に，またその特徴を示すものをⓐ～⑧から選び（　　）内に，それぞれ記号で記入せよ。

① 階段室型 ————〔　　〕・（　　）　　⑤ ボイド型 ————〔　　〕・（　　）

② 片廊下型 ————〔　　〕・（　　）　　⑥ フラット型 ———〔　　〕・（　　）

③ 中廊下型 ————〔　　〕・（　　）　　⑦ メゾネット型 ——〔　　〕・（　　）

④ センターコア型 —〔　　〕・（　　）

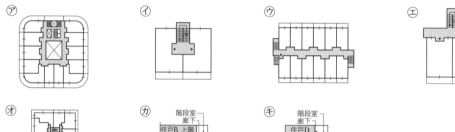

ⓐ 開口部に廊下が接するため，プライバシー・遮音・採光などの居住性が低くなる。

ⓑ プライバシーを守りやすく，通風・採光を得やすい。

ⓒ 住戸の密度を高くできるが，プライバシー・遮音・採光などの居住性が片廊下型より低くなる。

ⓓ 1 住戸が 1 層で構成された形式。

ⓔ 平面の中央に吹抜けを配した形式。

ⓕ 1 住戸が 2 層以上で構成された形式。

⑧ 平面の中央にコアを配した形式。

2 次の集合住宅に関する文の（　　）の中に適切な語句を記入せよ。

(1) 供給方式により，(^{1}　　　　）と賃貸に大別される。

(2) 賃貸は，敷金や月々の賃貸料を（^{2}　　　　）に支払って，住戸を借りる方式をいう。

(3) 地方公共団体などがつくる（^{3}　　　　）の供給方式は，基本的に賃貸である。

(4) 上階と下階の住戸間の音の伝わり方や，共用の（^{4}　　　　）の更新，火災や地震時の（^{5}　　　　），住棟の出入口から各住戸に移動するための（^{6}　　　　）などに留意する。

(5) 構造体の（^{7}　　　　）と内部仕様の更新性・（^{8}　　　　）を高め，建築物の長寿命化をはかるため，企画の段階から構造体と，間取り・内装・設備などの内部仕様を分離して考えるのが（^{9}　　　　）である。

❸ 集合住宅の計画（3）

学習のポイント（教科書 p.140 ～ p.147）

1. 住棟の配置にあたっては，日照・採光・通風・視界・防火およびプライバシーなどの点から，前面および側面の隣棟間隔をじゅうぶんに取るようにする。

2. 集合住宅には，共用空間として共用通路・駐車場・駐輪場・屋上・ごみ集積場などがあり，専用空間として各住戸・専用バルコニーなどが設けられる。

1　次の文の（　　）内に適切な語句を記入せよ。

(1)　住棟の前面隣棟間隔は，前面の住棟の日影を生じさせる部分の（¹　　　　　　）と，その地点の緯度および（²　　　　　　）に基づいて求める。

(2)　住棟が高い，あるいは長いと，1 日中（³　　　　　）となる部分の面積が大きくなるため，できるだけ（⁴　　　　　　　）を広く取るようにする。

(3)　住棟の配置にあたっては，住棟の（⁵　　　　）・（⁶　　　　）・（⁷　　　　）に意識的に違いをもたせ，団地内の空間構成に変化をつけるようにする。

(4)　共用の階段，廊下，エレベーターホールなどの床面積は，（⁸　　　　　）算定のための（⁹　　　　　　）には含めない。

(5)　出入口には，（¹⁰　　　　　　　　　）や，荷物や郵便物を受ける設備などを設ける。

(6)　壁面を後退させてつくられた凹状の空間を（¹¹　　　　　　　　）という。

2　次の文について，適切なものには○印，不適切なものには×印を（　　）内に記入せよ。

(1)　（　　　）　法規では，片廊下の幅員は有効幅 1.2 m 以上，中廊下の幅員は有効幅 1.4 m 以上と定められている。

(2)　（　　　）　直上階の居室面積の合計が 200 m² を超える場合の共用階段は，法規では有効幅 120 cm 以上，け上げ寸法 22 cm 以下，踏面寸法 21 cm 以上とすることが定められている。

(3)　（　　　）　8 階建以下の集合住宅には，エレベーターを設ける必要はない。

(4)　（　　　）　一般的には，駐車面積を 1 台あたり幅 2.3 m 以上，奥行 5.0 m 以上とする。

(5)　（　　　）　住戸形式や規模を決めることを住戸の型計画という。

(6)　（　　　）　便所，浴室，洗面所，台所などは，上下階の位置が重ならないようにするのがよい。

(7)　（　　　）　集合住宅では，一般的に，独立住宅よりも住戸面積に対する収納面積の空間が多い。

(8)　（　　　）　バルコニーの手すりの高さは，法規に基づいて 1.0 m 以上とする。

4 事務所の計画 (1)

学習のポイント（教科書 p.148 ～ p.152）■■■

1. 事務所は，所有形態により，自社型と賃貸型に分類され，さらに賃貸型は全館貸，フロア貸，ブロック貸に分類される。

2. 貸事務所の延べ面積に対する収益部分の床面積の割合を，レンタブル比（貸面積率）という。

3. 柱間は，事務室の間仕切の基準となり，室の使いやすさを左右し，窓・開口部の寸法や駐車場の駐車台数に影響する。

1 次の貸事務所の賃貸形式と関係のある説明文をたがいに線で結べ。

(1) 全館貸　　・　　　　　　・⑦ 階単位で賃貸する。

(2) フロア貸　・　　　　　　・⑦ 建築物全体を単一の企業や組織に賃貸する。

(3) ブロック貸・　　　　　　・⑦ 基準階をいくつかのブロックに分け，賃貸する。

2 次の文の（　）内に適切な語句または数値を記入せよ。

(1) 貸事務所における（¹　　　　　）に対する（²　　　　　）の（³　　　　　）の割合をレンタブル比（貸面積率）という。

(2) 貸事務所においては，（⁴　　　　　）の面積が採算性に大きく影響するために，適正な範囲内で，レンタブル比をいかに高くするかが重要である。

(3) 全体の標準的なレンタブル比は（⁵　　）～（⁶　　）％程度であるが，設備階では収益部分の面積確保が難しいため，基準階のレンタブル比を（⁷　　）～（⁸　　）％まで高めておく。

(4) 事務所においては，良好な都市景観をつくり出すために（⁹　　　　　）や特定街区により，敷地に（¹⁰　　　　　）を設け，快適な都市環境をつくり出し，人々が憩える空間を計画する事例が増えている。

3 次の文の下線部分について，適切なものには○印，不適切なものには正しい数値や語句を（　）内に記入せよ。

(1) （　　　　）柱は，構造上の安全性や経済性の面から，碁盤目のように均一に配置する。

(2) （　　　　）一般的に，事務室における机の必要寸法は 0.7 ～ 1.2 m で，一人用の事務室の最小間口寸法は 3 ～ 3.6 m である。

(3) （　　　　）柱間を 6 ～ 7.2 m にすれば合理的な平面計画ができる。

(4) （　　　　）用途や環境の変化に応じて，柔軟に変更を行うことができる性能をフレキシビリティーという。

(5) （　　　　）事務室の面積が同一の場合は，間口を大きく奥行を小さくすると，共用廊下が長くなり，レンタブル比は大きくなる。

5 事務所の計画（2）

学習のポイント（教科書 p.152 ～ p.155）■■▌

1. コアタイプには，センターコア，片コア，両端コア，分散コア，外コアなどがある。

2. 基準階と平面計画が異なる 1 階・地階・設備階などのことを特殊階という。

1 次の事務所のコアプランの模式図を描け。

模式図		
種類	(1) センターコア	(2) 片コア
模式図		
種類	(3) 両端コア	(4) 分散コア	(5) 外コア

2 次の文の（　）内に適切な語句または数値を記入せよ。

(1) 1 階は，人の動線が混乱しないようにし，(^{1}　　　）や（^{2}　　　）などを設け，建築物のエントランスにふさわしい空間とする。

(2) 地階には，貸店舗・(^{3}　　　）・管理諸室・(^{4}　　　）などが設けられる。

(3) 周囲より一段下がった広場や庭園のことを（^{5}　　　）という。

(4) 採光・換気・出入口のため，地下の外壁に沿って設けられた空堀のことを（^{6}　　　）という。

(5) 屋上に突出した部分を（^{7}　）といい，一般に階段室・エレベーター機械室・高置タンクなどが設けられる。

(6) 基準階の階高は，天井高・天井ふところ寸法・二重床の床高さで決まり，（^{8}　）m 程度が望ましい。

(7) 特殊階は，その階の用途や特徴に合わせて階高を設定し，基準階よりも階高が（^{9}　）なることが多い。

> **Topic　建築物の高層化の進展**
>
> 　1961（昭和 36）年，1963（昭和 38）年，1970（昭和 45）年の建築基準法改正により，建築物の高層化が進展した。1968（昭和 43）年に霞が関ビルディング（東京　地上 36 階，高さ 147m）が誕生し，超高層時代が始まった。長年，1993（平成 5）年につくられた横浜ランドマークタワー（地上 70 階，高さ 296 m）が日本で最も高いビルであったが，2014（平成 26）年に，あべのハルカス（大阪，地上 60 階，高さ 300 m）が記録を更新した。

6 事務所の計画 (3)

学習のポイント（教科書 p.155 ～ p.161）

1. 事務所の専用部分には，事務空間，応接室，会議室，役員室，福利厚生用諸室などがある。

2. 共用部分には，交通空間，共用空間，管理室，機械室などがある。

1 事務空間の机の配置形式の名称を（　　）内に記入せよ。

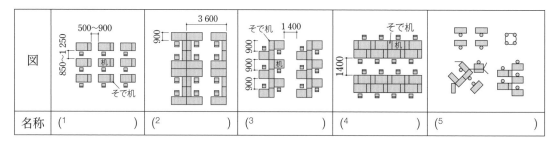

図	500～900 850～1 250 そで机 机 そで机	3 600 900	そで机 1 400 900 900 900 机	そで机 机 1400	
名称	(¹　　　　　)	(²　　　　　)	(³　　　　　)	(⁴　　　　　)	(⁵　　　　　)

2 次の文の（　　）内に適切な語句を記入せよ。

⑴　一般的に，事務空間には机を配置し，ロッカーやパーティションで区切る（¹　　　　　　）や，各室を窓に面して配置させる（²　　　　　　）などが用いられる。

⑵　事務室で部門の区画および家具や機器の配置を計画することを（³　　　　　　）という。

⑶　貸事務所では，テナントが，机・いす・家具・機器・パーティション・室内通路などの配置を行うため，事務空間は，できるだけ（⁴　　　　　　）があるものが望ましい。

3 次の文の（　　）内に適切な語句または数値を記入せよ。

⑴　エントランスホールの出入口には，風雨を避け，冷暖房の効率を高めるために（¹　　　　）を設け，二重の（²　　　）とすることが多い。

⑵　基準階の廊下は，避難や利便性を考慮して，見通しがよくわかりやすいものとし，幅は（³　　　）cm 以上が望ましい。

⑶　階段が二つ以上ある場合は，そのうち一つを（⁴　　　　　　）に近接させる。

⑷　高さ（⁵　　　）m を超える事務所では，原則として非常用エレベーターの設置が義務付けられている。

⑸　サービス部門には，便所・洗面所・化粧室，（⁶　　　　　）・雑用室などのほか，自動販売機置場などがある。

⑹　便所は，出入口にドアを設けない場合もあるが，室内への臭気拡散防止のために常時（⁷　　　　　　）換気を行うようにする。

⑺　（⁸　　　　　　）は空調設備や電気設備などの状況を把握するために設けられ，（⁹　　　　）は事務所への入退のセキュリティのために設けられる。

▌**7** 小学校の計画（1）

学習のポイント（教科書 p.162 ~ p.166）▐▌▌

1. 運営方式は，小学校のブロックプランを決める場合に，大きな影響を与えるとともに，計画を進めるうえでの基本となる。

2. ユニットプランとは，普通教室や特別教室，便所，廊下など，平面計画上まとまりのあるユニットをもとにしてつくられたものをいう。

1 次の文の（　　）内に適切な語句を記入せよ。

(1) 普通教室やその周辺で，大部分の学習や生活を行う方式を（¹　　　　　）という。普通教科の授業は普通教室で行い，特別教科の授業は専用の設備などを備えた特別教室または教科教室で行う方式を（²　　　　　）という。

(2) 小学校の配置計画にあたっては，地域開放により地域住民が利用することをふまえ，（³　　　　　）や（⁴　　　　　）などは正門や通用門の近くに設け，住民が出入りしやすいように考慮する。

(3) （⁵　　　　）の位置は，児童の（⁶　　）を考え，はき替えの便利な位置となるようにする。

(4) 小学校では，低学年は（⁷　　　　　），高学年では（⁸　　　　　）とする構成が一般的である。また，特別教室は（⁹　　　）の近くに配置されることが多い。

2 次の小学校のユニットプランの模式図を描け。

模式図			
種類	(1)　片廊下型	(2)　中廊下型	(3)　バッテリー型

模式図		
種類	(4)　廊下拡張型	(5)　ホール型
	オープンスペースをもつユニットプラン	

❽ 小学校の計画（2）

学習のポイント（教科書 p.167 ～ p.168）■■

1. 小学校のブロックプランは，教室ブロック，共有・管理ブロック，体育・集会ブロックなどで構成される。

2. 小学校の立面は，屋根や外壁の形状など，断面は天井高や日照調整などを考慮して決定する。

1 次の小学校のブロックプランの名称を（　　）内に記入せよ。

①
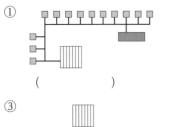
（　　　　　　　）

②
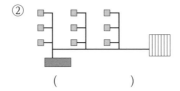
（　　　　　　　）

③
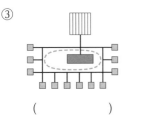
（　　　　　　　）

④
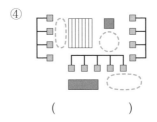
（　　　　　　　）

凡例	■：普通教室，特別教室，準備室などの教室ブロック	▥：体育館，多目的ホールなどの体育・集会ブロック
	▬：図書室，職員室などの共有・管理ブロック	⬭：庭

2 次の文の（　　）内に適切な語句または数値を記入せよ。

⑴ 小学校の立面は，$(^1\ \ \ \ )$ や外壁の形状，仕上げをはじめ，$(^2\ \ \ \ )$ の位置・$(^3\ \ \ \ )$・大きさなどを考慮して決定する。

⑵ 普通教室の天井高は，$(^4\ \ \ )$ ～ $(^5\ \ \ )$ m 程度とする。

⑶ 普通教室の階高は，$(^6\ \ \ )$ m 程度とする。

Topic　八幡浜市立日土小学校

愛媛県にあるこの小学校の木造 2 階建の校舎（1958 年竣工）は，同県大洲市出身の建築家松村正恒の設計によるものである。木構造によりモダニズム建築を実現した貴重な建築物として評価されている。2012（平成 24）年 10 月，この小学校の修復・保存・再生に大きな役割を果たした専門家 6 名と 1 市からなるコンソーシアム（協同体）が，ワールド・モニュメント財団（WMF）のモダニズム賞を受賞した。また，同年 12 月に，この小学校の校舎は国の重要文化財にも指定された。

◤9◢小学校の計画（3）

学習のポイント（教科書 p.169 ～ p.174）◼▮

1.　小学校には，学習空間，生活空間，管理室・体育施設などの空間がある。

2.　職員室は，屋外運動場やアプローチ部分などの見渡しがよく，校内各所への移動に便利な位置に計画するようにする。

1　次の文の（　　）内に適切な語句または数値を記入せよ。

⑴　普通教室の大きさは，35 人学級の場合は（¹　　　）×（²　　　）m 程度とし，教室の前後に出入口を設ける。

⑵　特別教室には，一般に（³　　　　　），（⁴　　　　　），図工室，（⁵　　　　　　）などがある。

⑶　図書室は，開架式書庫の閲覧スペース，（⁶　　　　　　　）による検索スペース，貸出カウンター，（⁷　　　　　　），作業・準備室などで構成される。

⑷　階段の幅は 1.4 m 以上，け上げ（⁸　　　　）cm 以下，踏面（⁹　　　　）cm 以上とし，階段の高さが 3 m を超える場合は 3 m 以内ごとに踊り場を設ける。

⑸　廊下の幅は，片廊下の場合は（¹⁰　　　　）m 以上，中廊下の場合は（¹¹　　　　）m 以上と定められているが，一般には片廊下で（¹²　　　　）～（¹³　　　　）m，中廊下で（¹⁴　　　　）～（¹⁵　　　　）m 程度とする。

2　次の文について，適切なものには○印，不適切なものには×印を（　　）内に記入せよ。

⑴　（　　）　校長室は，玄関から遠い位置に設けるようにする。

⑵　（　　）　保健室の位置は，1 階で運動場近くが望ましい。

⑶　（　　）　体育館は，講堂として利用される場合があるため，ステージや控室，器具庫などを設け，どん帳や暗幕を備える。

⑷　（　　）　運動場は，400 m の環状トラックがとれる広さを標準とする。

⑸　（　　）　プールの周囲には準備運動や監視がしやすいように，1 ～ 2 m 程度の余裕をとるようにする。

ᴛᴏᴘɪᴄ **教室の天井高について**

　　従来，学校（大学，専修学校，各種学校および幼稚園を除く）の教室は，床面積が 50 m² を超える場合，天井高を 3 m 以上にしなければならなかった。2005（平成 17）年 11 月に建築基準法施行令が改正され，この規則が廃止となり，創意工夫を生かした多様な教室づくり，学校建築の設計が可能となった。

▌10 各種建築物の安全計画

学習のポイント（教科書 p.175 ～ p.177）■▌

1. 各種建築物の計画にあたっては，火災・地震・風水害などの災害，日常災害から利用者を守るとともに，建築物の被害を最小限にとどめることが重要である。

2. 日常災害による死傷者が高齢者，乳幼児，小学生に集中していることから，とくに住宅，高齢者施設，幼稚園・保育所，小学校における日常災害の発生を防止することが重要である。

1 次の文の（　）内に適切な語句を記入せよ。

(1) 火災に対しては，建築物を防耐火性能が高い構造にするとともに，防火地域・準防火地域内の（^{1}　　　），（^{2}　　　），（^{3}　　　　）などの防火に関する規定を遵守し，火災が発生した場合に，（^{4}　　　）や建築物の（^{5}　　　）を防ぐことが基本である。

(2) 地震被害を軽減するためには，構造躯体や非構造部材の（^{6}　　　）性能を高めることが基本であるが，（^{7}　　　　　）以降，病院や超高層建築などに（^{8}　　　）装置や（^{9}　　　）装置を設置し，地震による揺れの軽減をはかる事例が増えている。

(3) 火災や大地震が発生した場合に，建物内にいる人がすみやかに（^{10}　　　　）に移動し，屋外の安全な場所まで避難できることが，（^{11}　　　　）の基本である。

(4) 建築物の各部分から（^{12}　　　）以上の異なった避難経路を確保することを原則とする。避難階段が1か所の場合も避難用の（^{13}　　　　　）を設けるなどの方法を，建築計画の早い段階から考慮しておくことが重要である。

2 次の文について，適切なものには○印，不適切なものには×印を（　）内に記入せよ。

(1) （　）積層ゴムなどを入れて，地盤の揺れが建築物に伝わらないようにすることを制振という。

(2) （　）避難階段を2か所以上設置した場合，たがいに近づける方がよい。

(3) （　）避難階段までの距離や，避難経路が重複する距離の上限は，消防法に規定されている。

(4) （　）火災や地震などによる被害を日常災害という。

(5) （　）日常災害の発生場所は住宅がいちばん多い。

(6) （　）屋上広場または2階以上の階にあるバルコニー，その他これに類するものの周囲には，高さ1.1 m以上の手すり壁，柵などを設けなければならない。

(7) （　）バリアフリー法は，高齢者，障がい者等の移動や施設の利用上の利便性・安全性の向上の促進をはかるための法律である。

(8) （　）一戸建住宅は，バリアフリー法や福祉のまちづくり条例の適用対象外である。

第 4 章　都市と地域の計画

◼1 都市と都市計画

学習のポイント（教科書 p.180 ～ p.182）◼◻◼

1.　都市は，人々が高密度に集まって住むことにより，社会・経済・政治活動の中心となる。

2.　これからの都市計画は，自然環境との共生，地球規模の環境保全にも配慮し，持続可能な都市づくりが求められている。

1　次の文の（　　）内に適切な語句または数値を記入せよ。

⑴　人々が集まって住む場所である（¹　　）をつくり，維持していくための技術やしくみを（²　　）という。

⑵　世界的には，（³　　）後に新しい都市計画の理論が提案され，合理性・機能性が求められて，都市は（⁴　　）・（⁵　　）していった。

⑶　1933 年，CIAM（近代建築国際会議）において，（⁶　　）により都市計画の原則が宣言された。

⑷　1960 年，（⁷　　）の設計により，高原の未開の大地に建設されたブラジルの首都である（⁸　　）は，新しい都市計画の理論に基づいた都市計画の例である。

2　次の文の下線部について適切なものには○印，不適切なものには正しい語句を（　　）内に記入せよ。

⑴　（　　　　　）　都市の中心に位置し，建築物や施設が集積した密度の高い区域を<u>人口集中地区</u>という。

⑵　（　　　　　）　道路，鉄道，上下水道，送電網・港湾などの産業施設や，学校・病院・福祉施設などの生活施設のことを<u>インフラストラクチャー</u>という。

⑶　（　　　　　）　じゅうぶんな都市基盤を整備することなく，市街地周辺の農地などの平野部に市街地が無秩序に拡大していくことを<u>ドーナツ化現象</u>という。

⑷　（　　　　　）　地域に暮らす人々が主体となり，行政や建築・都市計画の専門家と連携して，多様性・複雑性を取り入れた<u>まちづくり</u>が各地で広がっている。

⑸　（　　　　　）　1998 年に施行された特定非営利活動促進法に基づく法人のことを<u>NGO</u>という。

TOPIC　オスカー・ニーマイヤー（1907-2012）

　ブラジリアの国会議事堂，大統領府，陸軍総司令部，大聖堂など，主要な公共建築物を設計したブラジルを代表する建築家である。もともとは，直線的なモダニズム建築を得意としていたが，ブラジルの建築物において，曲線を駆使した独創的・未来的な建築を生み出した。

❷ 都市計画制度と都市計画法

学習のポイント（教科書 p.183 ～ p.186）

1. 都市計画法に定める都市計画とは，都市の健全な発展と秩序ある整備をはかるための土地利用，都市施設の整備および市街地開発事業に関する計画のことをいう。

2. 地域地区の中の用途地域は，住居系地域・商業系地域・工業系地域に大きく分けられる。

1 次の文の（　）内に適切な語句または数値を記入せよ。

(1) 都市計画法は，都市の（¹　　　）な発展と（²　　　）ある整備をはかり，国土全体あるいは市町村の都市計画に関する基本的な方針に沿った都市計画を一体的に進め，国土の均衡ある発展と（³　　　　　　）の増進に寄与することを目的とした法律である。

(2) 都市計画法に基づき，都市計画区域を（⁴　　　　　　）と（⁵　　　　　　　　）に分けることを，一般に線引きという。

(3) 都市計画には，（⁶　　　　　　）・（⁷　　　　　　）・公園緑地計画等の分野があり，それら全体の計画を（⁸　　　　　　）という。

(4) 市街化調整区域内の（⁹　　　）は，原則として禁止されている。

(5) 用途地域は，住居系地域（¹⁰　　　）種類，商業系地域（¹¹　　　）種類，工業系地域（¹²　　　）種類の計13種類に分類されている。

2 次の(1)～(4)の語句の説明文として適切なものを㋐～㋓から選び，たがいに線で結べ。

(1) 都市計画区域　　　・　　・　㋐　基本的に建築物の建築が認められず，市街化が抑制されている区域。

(2) 準都市計画区域　　・　　・　㋑　一体の都市として総合的に整備し，開発および保全する必要のある区域。

(3) 市街化区域　　　　・　　・　㋒　すでに市街地を形成しているか，おおむね10年以内に市街化をはかるべき区域。

(4) 市街化調整区域　　・　　・　㋓　都市計画区域外であっても，環境の悪化が予測されるため，例外として都市計画法の一部を適用する区域。

TOPIC　コンパクトシティ

　　住宅，職場，店舗，学校，病院など，生活に必要な機能を都市の中心部に集積させ，徒歩や公共交通機関で移動できる職住近接型のまちのことをいう。スプロール化の抑制，中心市街地の活性化，コミュニティの再生，環境負荷削減などの効果が期待できる。持続可能な都市をめざす手法としても注目されている。

■**3** 建築と地域の計画

学習のポイント（教科書 p.187 ～ p.190）■■

1. 建築物の設計にあたっては，建築基準法や都市計画法だけでなく，地域で定められたルールや
ガイドライン，地域で昔から守られている規範などを把握する必要がある。

2. 小学校区程度のまとまりを基本的な構成単位（近隣住区）として，住宅地の計画を行う考えを
近隣住区論という。

1 次の文の（　　）内に適切な語句を記入せよ。

(1) 建築物を設計するときは，まず各自治体に備えてある（¹　　　　　　）により，敷地にかか
る用途制限などの法規制を確認する。

(2) （²　　　）は，国の法律である建築基準法や都市計画法では対応しきれないことがらについて，
（³　　　）が独自に定める法令である。

(3) ニュータウンでは，歩道と車道を分離し，交差点を立体的にするなどのくふうをした
（⁴　　　）が取り入れられている。

2 次の文について，適切なものには○印，不適切なものには×印を（　　）内に記入せよ。

(1) （　　　） 近隣住区論は，アメリカの都市計画家アーサー・ペリーによって提案された。

(2) （　　　） 近隣住区は，中学校区を単位としている。

(3) （　　　） 近隣住区をいくつか集めたものを地区という。

(4) （　　　） 近隣住区の中心ごとに地区センターや地区公園が設けられる。

(5) （　　　） 千里ニュータウンは，近隣住区の考え方を取り入れてつくられた。

TOPIC 田園都市（ガーデンシティ）

　　1898 年，イギリスのエベネザー・ハワードは，産業革命以降，過密化し劣悪な状態になっ
ていたロンドンの住環境を改善するために，都市と農村の両者の魅力をあわせもつ「田園都市」
の建設を提唱した。田園都市は，郊外に設けられる人口 3 万人程度の規模の都市で，都市の
よさである多くの雇用機会や社会活動の場を備えるとともに，農村のよさである美しい自然や
快適な住宅を提供するものであった。この考えは，衛星都市や都市分散論などの先駆けとなる
ものであり，各国の都市計画に大きな影響を与えた。日本においても，ハワードの思想とは多
少異なるところはあるものの，田園調布（東京都）や多摩田園都市（川崎市・横浜市），千里
山（吹田市），大美野田園都市（堺市）などに影響が見られる。

▌4 地域の計画とまちづくり

1. まちづくりとは，地域に住む人々が暮らしをよりよいものにするために，自律的，継続的にまちに働きかける動きである。

2. まちづくりにおいては，地域資源の活用，景観，防災などの観点が重要である。

1 次の文の（　）内に適切な語句を記入せよ。

(1) 歴史的に価値の高い集落や町並を保存するために，文化財保護法に基づき国が選定した地区のこと。　　　　　　　　　　　　　　　　　　　　　（　　　　　　　　　）

(2) 既存の建築物の良さを生かしながらに大規模に改修すること。　（　　　　　　　　）

(3) 既存の建築物の良さを生かしながら他の用途に転用すること。　（　　　　　　　　）

(4) 目に見える風景とその風景をつくり出してきた地域の歴史や文化の総体のこと。　　　　　　　　　　　　　　　　　　　　　　　　（　　　　　　　　）

(5) 防災対策のために，地震・津波・洪水・土砂崩れなどの自然災害によるリスクの情報を提供した地図のこと。　　　　　　　　　　　　（　　　　　　　　）

(6) 計画に関係する住民などが集まり，計画について話し合ったり，案の検討を行う市民参加の手法のこと。　　　　　　　　　　　　　（　　　　　　　　）

2 次の文の（　）内に適切な語句を記入せよ。

(1) 2004年に（¹　　　　　）が制定され，景観が国民共通の資産であることが法によってはじめて明文化された。

(2) 災害に強い都市構造を確保するためには，（²　　　　　）の確保，避難地・（³　　　　　）の確保，都市防災区画の形成が重要である。

(3) 災害時の火災延焼を防ぐ道路・河川・鉄道・緑地などの空間を（⁴　　　　　）という。

(4) 街区全体の防災機能を高めるためには，個々の建築物を建て替えるときに（⁵　　　　　）・（⁶　　　　　）を検討し，建築物の防災性能を改善する方法もある。

(5) まちづくりワークショップには，建築士が専門家として参加し，（⁷　　　　　）やコーディネータとして役割を果たすことが多い。

(6) 地域独自の将来像を計画し，その実現をはかるための制度には，（⁸　　　　　）制度や（⁹　　　　　）制度などがある。

第 5 章　建築設備の計画

1 給排水・衛生設備（1）

学習のポイント（教科書 p.205 ～ p.208）

1.　給水方式には，水道直結直圧式，水道直結増圧式，高置タンク式，圧力タンク式，ポンプ直送式などがあり，建築物の種類や規模などを考慮して選ぶようにする。

2.　水道本管の必要圧力は，給水上最も不利な状態にある水栓における必要水圧などによって決まる。

1　次の⑴～⑸の給水方式の図として適切なものを@～@から選び，（　　）内に記号を記入し，説明文として適切なものを⑦～⑦から選び，たがいに線で結べ。

⑴　水道直結直圧式（　　　）・　　　・⑦　高置タンクから，水の重力で給水する方式。

⑵　水道直結増圧式（　　　）・　　　・⑦　受水タンクから給水ポンプで直接給水する方式。

⑶　高置タンク式　（　　　）・　　　・⑦　水道本管の水圧を利用して給水する方式。

⑷　圧力タンク式　（　　　）・　　　・⑦　タンク内の空気を圧縮，加圧させ，その圧力で給水する方式。

⑸　ポンプ直送式　（　　　）・　　　・⑦　水道管に逆流防止装置と増圧給水ポンプを直接接続して給水する方式。

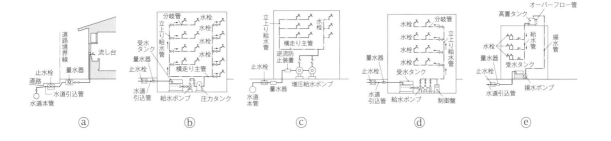

@　　　　　　　　ⓑ　　　　　　　　ⓒ　　　　　　　　ⓓ　　　　　　　　ⓔ

T☺pic　**ウォーターハンマー現象**

　　水栓を閉めたとき，壁の中で「ゴンゴン」というような音がすることをウォーターハンマー（水撃作用）という。配管内を流れる水を急に止めると閉止部分で水圧が急上昇し，圧力波が生じて衝撃音を発生させる。ウォーターハンマーを起こしやすいのは，流速が大きい場合や，レバー水栓や洗濯機の電磁弁などによって水流が急閉止する場合で，配管に曲がりが多く，配管の固定が不十分な場合には，配管の破損につながることがある。ウォーターハンマーを防ぐには，適切な管径にして流速を小さくすることや水撃防止器を取り付けることが有効である。

2 給排水・衛生設備（2）

学習のポイント（教科書 p.210 ~ p.215）■■■

1. 排水の種類には，汚水，雑排水，雨水，特殊排水がある。

2. トラップは，排水管からの悪臭，害虫などの侵入を防ぐために設けられるものである。

3. 浄化槽は，汚水と雑排水を浄化するものである。

1 次の文の（　　）内に適切な語句を記入せよ。

　(1) 排水には，大・小便器などからの（¹　　　　），台所流しや浴室などからの（²　　　　），雨水のほか，有毒・有害なものや放射性物質を含んだ（³　　　　）がある。

　(2) 公共下水道の排水方式には，（⁴　　　　）と（⁵　　　　）がある。

　(3) 排水の排除方式には，建築物内の排水管の位置が公共下水道よりも高い場合に，排水を重力の作用で自然に流下させる自然流下式ともいう（⁶　　　　　　　）と，地階などの排水槽にためた排水をポンプでくみ上げ，公共下水道などに強制的に排除する（⁷　　　　　　　）がある。

2 下図のトラップの名称を（　　）内に記入せよ。

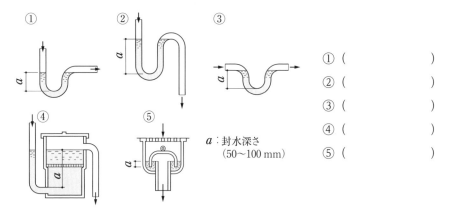

① （　　　　　　　　　）
② （　　　　　　　　　）
③ （　　　　　　　　　）
④ （　　　　　　　　　）
⑤ （　　　　　　　　　）

a：封水深さ
（50~100 mm）

3 次の文の（　　）内に適切な語句を記入せよ。

　(1) 公共下水道が完備されていない地域で排水を放流しようとする場合，(¹　　　　) と (²　　　　) を浄化する浄化槽が設けられる。

　(2) 浄化槽は一般に，(³　　　　　　), (⁴　　　　　　), (⁵　　　　) で構成される。

　(3) 一次処理装置は，排水を沈殿分解し，(⁶　　　　　　) の働きによって，汚水を (⁷　　　) 分解する。

　(4) 二次処理装置は，(⁸　　　　　　) の働きによって，一次処理装置から流れ出た排水を (⁹　　　) 分解する。

　(5) 渇水対策や降雨時の公共下水道への負担軽減などを目的として，(¹⁰　　　) や建築物からの排水を浄化処理した (¹¹　　　) が利用される。

3 空気調和・換気設備

1. 空気調和とは，室内または特定の場所の空気を，使用目的に適した状態に浄化し，温度・湿度・気流を同時に調整することをいう。

2. 機械換気設備の方式は，給気機・排気機・給気口・排気口の組み合わせにより，第一種・第二種・第三種に分けられる。

---

1 次の空気調和の室内条件について，法令で定められている数値を（　）内に記入せよ。

(1) 温　　　度 ———— (^{1}　　　) ～ (^{2}　　　) ℃

(2) 相 対 湿 度 ———— (^{3}　　　) ～ (^{4}　　　) %

(3) 気 流 速 度 ———— (^{5}　　　) m/s 以下

(4) 浮 遊 粉 じ ん ———— (^{6}　　　) mg/m^3 以下

(5) CO 濃　度 ———— (^{7}　　　) ppm 以下

(6) CO_2 濃　度 ———— (^{8}　　　) ppm 以下

2 空気調和方式の分類について，次の語句と関係の深いものをたがいに線で結べ。

(1) 単一ダクト変風量式　・　　・㋐冷媒方式　　・　　・ⓐ事務所など

(2) ファンコイルユニット式・　　・㋑全空気方式　・　　・ⓑホテルの客室，病院の病室，大規模建築物など

(3) ルームエアコン　　　・　　・㋒全水方式　　・　　・ⓒ住宅，小規模の建築物など

3 次の文の（　）内に適切な語句または数値を記入せよ。

(1) 空気調和設備は，空気を浄化・冷却・減湿・加熱・加湿する装置で構成された（^{1}　　　　　），冷水・蒸気・温水などの熱媒をつくる（^{2}　　　　　），熱媒の搬送装置，制御装置で構成される。

(2) 床や壁などに配管し，これに冷・温水を通して床や壁などを冷却・加熱し，放射熱によって冷暖房する方式を（^{3}　　　　　）という。

(3) 室内空気を清浄に保つため，居室をもつ建築物には（^{4}　　　　　）の設置が義務付けられている。住宅の居室では，換気回数（^{5}　　　）回/h 以上の機械換気設備を設置する。

(4) 機械換気設備には，給気機と排気機を組み合わせた（^{6}　　　　　），給気機と排気口を組み合わせた（^{7}　　　　　），給気口と排気機を組み合わせた（^{8}　　　　　）がある。

(5) 事務所や工場では，床面付近から（^{9}　　　）よりやや低温の空気を低風速で吹き出し，室内の（^{10}　　　）をゆっくり押し上げ，天井付近から吸い出して排気して，換気する（^{11}　　　）が用いられている。

4 電気設備

学習のポイント（教科書 p.224 ~ p.230）■■

1. 電気供給方式には，100 V 単相 2 線式や 100 V/200 V 単相 3 線式などがある。

2. 照明器具には，天井埋込型，天井直付型，ペンダント型，ブラケット型などがある。

---

1 次の文の下線部の適切なものには○印，不適切なものには正しい語句を（　　）内に記入せよ。

(1) （　　　　　　　　）　住宅などの小規模な建築物の場合の電気は，屋外の配電線から引込線で屋内に供給される。

(2) （　　　　　　　　）　100 V 単相 2 線式は，100 V 用の電灯やコンセントのほかに，200 V 用ルームエアコンなどへの電気の供給が可能である。

(3) （　　　　　　　　）　建築物の電気系統のうち，受電設備や発電機などの配電盤から分電盤や電力制御盤までの配電を分岐回路という。

(4) （　　　　　　　　）　供給電圧が交流の場合，600 V 以下を低圧，600 V を超え 7000 V 以下を高圧，7000 V を超えるものを特別高圧という。

2 次の照明器具の型名を（　　）内に記入せよ。

① （　　　　　　）　② （　　　　　　）　③ （　　　　　　）　④ （　　　　　　）

3 次の情報通信設備の配線方式の説明として適切なものを⑦〜㊉から選び，たがいに線で結べ。

(1) 簡易フリーアクセス方式・　　　　・⑦ 帯状の絶縁されたフラットケーブルをタイルカーペットの下に敷設する方式

(2) アンダーカーペット方式・　　　　・④ ベースプレート，支柱台座によって構成される二重床配線システムをとる方式

(3) フロアダクト方式　　　・　　　　・⑦ スラブの上に簡易な二重床を組み立て，配線路とする方式

(4) フリーアクセス方式　　・　　　　・㊉ スラブ内に金属ダクトを埋設し，一定間隔で配線を取り出す方式

 メガソーラー発電

　太陽光発電システムによって 1 MW の電力を生み出す発電をメガソーラー発電とよぶ。岡山県にある瀬戸内 Kirei 太陽光発電所は，約 260 ha の敷地に 90 万枚のソーラーパネルを設置し，235 MW の発電能力がある。太陽光という再生可能エネルギーを用いる太陽光発電システムは，脱炭素社会をめざす重要な方策の一つである。

❺ 防災設備・搬送設備

1. 災害の被害を最小限にするために，消火・警報・避難・避雷設備などが設けられる。

2. 搬送設備とは，人や物，車両を輸送するために設けられるもので，エレベーターやエスカレーターなどがある。

1 次の文の（　　）内に適切な語句を記入せよ。

⑴　火災は，木材・紙など一般可燃物によるＡ火災ともいわれる（¹　　）火災，引火性の油脂類によるＢ火災ともいわれる（²　　）火災，通電している電気によるＣ火災ともいわれる（³　　）火災に大きく分類される。

⑵　火災を消火するには，燃焼を継続するのに必要な（⁴　　），（⁵　　），（⁶　　）の三つの要素のうちの一つを除去すればよい。

⑶　消火は，可燃物を引火点以下に冷却して消火する（⁷　　）作用，酸素の供給を遮断して消火する（⁸　　）作用，化学反応を抑制する消火剤を用いて消火する（⁹　　）作用のうち一つ以上を用いて行われる。

2 次の文について適切なものには○印，不適切なものには×印を（　　）内に記入せよ。

⑴　（　　）　屋内消火栓設備は，消火栓箱の中に収納されたホースやノズルなどを引き出して消火にあたる設備である。

⑵　（　　）　スプリンクラー設備は，天井の散水栓から手動で散水して消火する。

⑶　（　　）　水噴霧消火設備は，電気設備や駐車場などの消火には用いられない。

⑷　（　　）　泡消火設備は，飛行機の格納庫や駐車場などの消火には用いられない。

⑸　（　　）　不活性ガス消火設備は，電気施設や立体駐車場などの消火に用いられる。

⑹　（　　）　自動火災報知設備は，火災を感知し，音響装置によって建築物内の人々に知らせる設備である。

⑺　（　　）　避雷設備は，地盤面から高さ 30 m を超える部分を保護するように設けられる。

⑻　（　　）　荷物だけを昇降させるための，かごの天井高さが 1.5 m 以下のものを小荷物専用昇降機という。

⑼　（　　）　油圧式のエレベーターは，ロープ式と比較して，昇降行程が長く取れず，低速度である。

⑽　（　　）　エスカレーターの昇降路の勾配は，原則として水平に対し 30°以下とする。エスカレーターの速度は，勾配が 8°以下のものは 50 m/min 以下とし，8°を超え 30°以下のものは 45 m/min 以下とする。

第6章　建築の移り変わり

■1 日本の建築（原始から近世まで）(1)

学習のポイント（教科書 p.240 ～ p.245）■▶■

1. 初期の住居は，人々の生活をおびやかす気象の変化や外敵から身を守るために，生活上の体験から考え出されたものである。

2. 書院造は，武家の住宅形式としてつくり出されたものであったが，その後，庶民の住宅にもその要素が取り入れられ，日本の伝統的な住宅形式として引き継がれていった。

1 次の文の（　）内に適切な語句を記入せよ。

⑴ 原始の住居の一つに，登呂竪穴住居という遺跡がある。住居の内部は，中心部に炉を設けた（¹　　　　　）である。そのおもな機能は，雨・風をしのぎ，外敵から身を守る役目を果たすためのものであり，おもに（²　　　　　）であった。

⑵ 原始社会には，おもに倉庫として用いられた（³　　　　　）もあった。この建築物は，（⁴　　）を高くすることによって，地面からの（⁵　　）が伝わることを防いでいた。

⑶ 奈良時代の貴族の住宅は，掘立柱を用い，床は（⁶　　）で，屋根は（⁷　　　）または板葺を主としていた。

⑷ 平安時代になると，貴族の住宅として（⁸　　　）が成立した。これは，（⁹　　　　）を原則とし，多数の棟を（¹⁰　　　　）でつないだ住宅形式であった。

2 次の文の下線部について，適切なものには○印，不適切なものには適切な語句を（　）内に記入せよ。

⑴ （　　　　　）書院造は，寝殿造が改良されたものである。

⑵ （　　　　　）棚は，中世にはいると実用性が薄らぎ，座敷飾りになった。

⑶ （　　　　　）床の間は，当初，押板とよばれていた。

⑷ （　　　　　）書院とは，読書や筆記に用いていた文机を造付けにしたものである。

⑸ （　　　　　）几帳とは，書院造の室を仕切るために用いられたものである。

⑹ （　　　　　）茶室建築は，左右対称や同一形態の反復を避けて，変化に富んだ平面や意匠で形づくられた。

⑺ （　　　　　）数寄屋造は，書院造のもつ厳格な意匠に，茶室のもつ軽妙な意匠を各所にとりいれた。

❷ 日本の建築（原始から近世まで）(2)

学習のポイント（教科書 p.245 ～ p.247）■■

1. 神社建築の古い形式を伝えているものには，住吉造・大社造・神明造がある。

2. 神社建築は，日本古来の建築様式をもとにして形成され，その後，仏寺建築のもつ構造や平面上の要素を取り入れて，奈良時代から平安時代までにさまざまな形式がつくり出された。

1 次の神社の形式と所在地について関係の深いものをたがいに線で結べ。

① 伊勢神宮 ・	・⑦ 大社造 ・	・ⓐ 三重県
② 出雲大社本殿・	・① 住吉造 ・	・ⓑ 大阪府
③ 住吉大社本殿・	・⑦ 神明造 ・	・ⓒ 島根県

2 次の神社の形式と所在地の組み合わせで，正しいものには○印，誤っているものには×印を（　）内に記入せよ。

(1) （　　　） 北野天満宮社殿 ― 八棟造 ― 広島県

(2) （　　　） 春日大社本殿 ― 春日造 ― 奈良県

(3) （　　　） 宇佐神宮本殿 ― 八幡造 ― 大分県

(4) （　　　） 賀茂御祖神社本殿 ― 権現造 ― 京都府

3 次の文の（　）内に適切な語句を記入せよ。

(1) 一定の期間ごとに社殿をつくり替えることを（¹　　　　）といい，伊勢神宮などでこの制度が残されている。

(2) 奈良時代になると，神社建築は，仏寺建築の影響を受けて，(²　　) や土台の上に柱が立てられ，柱の上部には軒を支える (³　　) が用いられるようになった。

(3) (⁴　　) は，神社建築の形式として流造に次いで多く用いられている。

(4) 本殿の前に礼拝や儀式を行う別棟の礼堂を配置したものを，(⁵　　) という。

(5) 八棟造は，(⁶　　　) ともいわれ，この形式は江戸時代に (⁷　　　) として多用され，(⁸　　　) とよばれた。

(6) 本殿と拝殿の間の区画された一画を石の間，または (⁹　　　) という。

TOPIC **神の宿るところ**

人々は，社殿という建築的施設をつくる以前，山や森などを神が宿るものと考え，信仰の対象としてきた。現代でも大神神社（おおみわ）（奈良県桜井市）など，御神体は背後の山で本殿をもたない神社があるのは，その形式を伝えるものである。

❸ 日本の建築（原始から近世まで）(3)

学習のポイント（教科書 p.248 ～ p.251）■■▌

1. 仏寺建築は，塔と金堂を中心施設として，講堂，経蔵などで構成された。

2. 仏寺建築は，中国から伝来した諸様式を取り入れ発展するとともに，日本の建築技術を一段と高める役目をはたした。

3. 禅宗の仏寺建築は，三門，仏殿，法堂を中心施設して，方丈，東司などで構成された。

1 次の建築物と関係の深いものをたがいに線で結べ。

① 金　堂・　　・㋐　仏舎利を納める建築物

② 　塔　・　　・㋑　僧侶が説教や講義を行う建築物

③ 講　堂・　　・㋒　釣鐘を設置する建築物

④ 鐘　楼・　　・㋓　経巻を収納する建築物

⑤ 経　蔵・　　・㋔　仏像を安置する建築物

2 次の文の（　　）内に適切な語句を記入せよ。

⑴　南都諸寺の再建にあたり，新たに中国から伝わった建築様式に対して，従来の建築様式を（¹　　）という。

⑵　東大寺の再建に用いられた様式を，（²　　　）という。

⑶　禅宗の仏寺建築に用いられた様式を，（³　　　）という。

⑷　日本で培われてきた従来の様式に，中国から伝わった新様式の特色を取り入れた様式を，（⁴　　　）という。

⑸　南都諸寺とは，（⁵　　　　）すなわち南都に建てられた仏寺建築をいう。

3 次の禅宗様の仏寺建築に関する文の（　　）内に適切な語句を記入せよ。

⑴　階上に仏像を安置する（¹　　）の門形式の建築物を三門という。

⑵　僧侶が仏法を説く建築物を（²　　）という。

⑶　玄関や書院などが設けられている僧侶の住宅を（³　　）という。

⑷　便所のことを（⁴　　）という。

⑸　（⁵　　）を安置する建築物を仏殿という。

> **TOPIC 七堂伽藍**（しちどう）
> 　七堂伽藍とは，寺院における7種の主要な堂棟の配置のことをいう。七堂とは，奈良時代の南都六宗では，金堂（本堂），講堂，塔，鐘楼，経蔵，僧坊，食堂からなり，禅宗では，仏殿，法堂，僧堂，庫院（くいん），三門，浴室，西浄（東司）のことをいい，宗派によって異なる。なお「七」は7種ではなく「完備」の意味をいうこともある。

▌**4** 日本の建築（原始から近世まで）（4）

学習のポイント（教科書 p.252 〜 p.254）　■▌

1. 平安京は，最後の古代都市であり，条坊制により最も整った都市計画が行われた。

2. 近世の都市には，城下町，門前町，宿場町，港町などがあった。

---

1 下図の①〜⑩にあてはまる適切な語句を（　　）内に記入せよ。

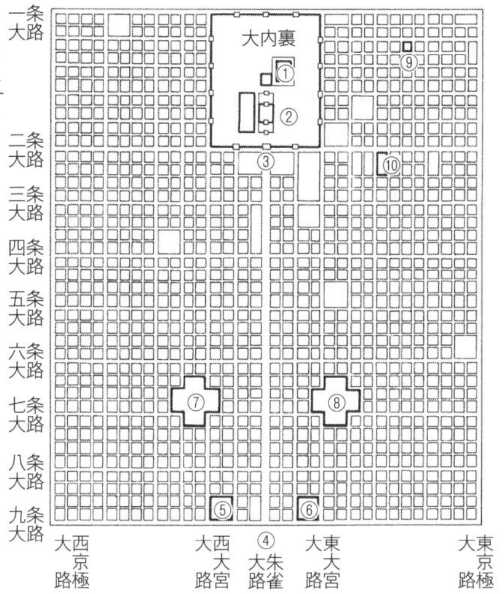

一条大路
大内裏
二条大路
三条大路
四条大路
五条大路
六条大路
七条大路
八条大路
九条大路

大西京路極　大西大路宮　④大朱大路雀　大東大路宮　大東京路極

① （　　　　　）

② （　　　　　）

③ （　　　　　）

④ （　　　　　）

⑤ （　　　　　）

⑥ （　　　　　）

⑦ （　　　　　）

⑧ （　　　　　）

⑨ （　　　　　）

⑩ （　　　　　）

2 次の文の（　　）内に適切な語句を記入せよ。

⑴　日本最初の計画都市は，（¹　　　　　）である。

⑵　（²　　　　　）とは，東西に走る条大路と，南北に走る坊大路とよばれる道路によって都市全域を（³　　　　）に区画した形式をいう。

⑶　城下町の都市計画を（⁴　　　）という。

⑷　有力な神社や寺院に付属した近世都市を（⁵　　　　）という。

⑸　街道筋の近世都市を（⁶　　　　）という。

⑹　海上交通の基地となった近世都市を（⁷　　　）という。

⑺　城下町は，城郭を中核にして，その周囲を藩士の（⁸　　　　　）で取りまいた。

Topic　しじんそうおう
四神相応

　　古代の平城京や平安京などの都市は，中国から伝来した四神相応の思想に基づいて造営された。

　　四神相応とは，東西南北の方向にはそれぞれ青竜・白虎・朱雀・玄武（黒い亀）という守護神がおり，青竜は東方の流水，白虎は西方の大道または長道，朱雀は南方の低地または池，玄武は北方の丘陵に宿るということから，このような地形をもった土地が最良という考えをいう。

▌⑤ 西洋の建築（古代から近世まで）(1)

学習のポイント（教科書 p.255 ～ p.257）■▌

1. 西洋の古代文明は，メソポタミア・エジプト・エーゲ海を中心として栄え，その後のギリシア・ローマにいたって一大文明圏を形成した。

2. 古代ギリシアの神殿には，ドリス式・イオニア式・コリント式の3つのオーダーが用いられた。

---

1 次の文の（　）内に適切な語句を記入せよ。

(1) 古代初期の遺構として特筆される建造物である（¹　　　　）は，紀元前3000年代の中ごろに，エジプトの風土と，霊魂の不滅を願った信仰を背景にしてつくり出された。

(2) 紀元前5世紀の中ごろにつくられたアテネの（²　　　　）神殿は，（³　　　）式オーダーのもつ力強さと，（⁴　　　　）式オーダーのもつ優美さをたくみに結合した建築物である。

(3) 古代ギリシア時代の後半には，最も優美な（⁵　　　）式オーダーが考案され，ローマ時代にさかんに用いられるようになった。

(4) ローマ起源のオーダーには，（⁶　　　）式，（⁷　　　　）式の2種がある。

2 下図のオーダーの名称(1)～(3)と，各部位の名称①～⑨を（　）内に記入せよ。

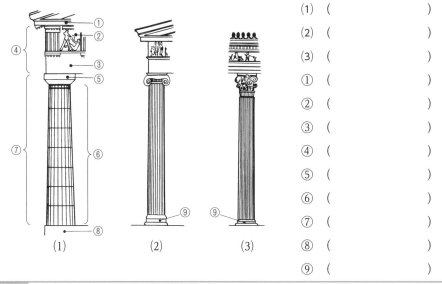

(1) (2) (3)

(1) （　　　　　　）
(2) （　　　　　　）
(3) （　　　　　　）
① （　　　　　　）
② （　　　　　　）
③ （　　　　　　）
④ （　　　　　　）
⑤ （　　　　　　）
⑥ （　　　　　　）
⑦ （　　　　　　）
⑧ （　　　　　　）
⑨ （　　　　　　）

TOPIC　ギリシア神殿の造形原理

　ギリシア神殿は，内部に入って利用する建築物ではなく，外から眺めるものであるため，いかに外観を美しく整えるかに力が注がれた。建築物を構成していくにあたり，円柱の下部直径など比例の基準となる寸法（モデュルス）によって，各部および全体の寸法を決めるシュンメトリアという手法がとられた。また，神殿の垂直，水平がより正確に見えるように，エンタブレチュアや基壇は中央にむくりをつけ，隅角部の柱は内側に傾けるなどの視覚補正の技法（リファインメント）が用いられた。

▌6 西洋の建築（古代から近世まで）（2）

学習のポイント（教科書 p.258 〜 p.259）■▶■

1. 古代ローマにおいては，さまざまな種類の建築物がつくられるとともに，建築材料や建築構造が著しく発達した。

2. 4 世紀前半のローマ時代末期に，キリスト教はすでに国教として認められ，多くの教会堂建築がつくり出された。

1 次の文の（　　）内に適切な語句を記入せよ。

(1) ローマの建築には，(^{1}　　　　)・宮殿・神殿・(^{2}　　　　) などの居住施設や記念施設，さらには広場・議事堂・学校・市場・(^{3}　　　　)・(^{4}　　　　)・水道橋などのさまざまな公共施設があり，その種類の豊富さとともにいろいろな技術が急速に発達した。

(2) 古代ローマにおいては，消石灰と火山灰を主成分とした (^{5}　　　　) がつくり出され，(^{6}　　　　　　) の利用を可能としたため，その構造・意匠・施工面の特質を生かし，石材と複合させて (^{7}　　　　)，(^{8}　　　　)，(^{9}　　　　) などの建築構造を用いた大規模建築物がつくり出された。

(3) 初期のキリスト教建築は，多くの人々が礼拝する場所や司祭席，祭壇などが必要なことから，(^{10}　　　　) がその基本形式となった。

2 下図の①〜④にあてはまる適切な語句を（　　）内に記入せよ。

① （　　　）または（　　　　）
② （　　　）または（　　　　）
③ （　　　）または（　　　　）
④ （　　　）または（　　　　　　）

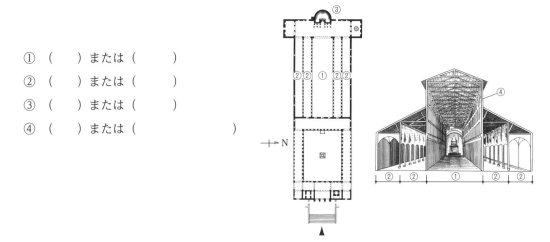

 水道橋

　水道橋とは，飲料用水やかんがい用水などを通すための橋をいい，代表的なものに紀元前後につくられた南フランスのニームの町に給水するためのガールの水道橋がある。これは 3 層アーチ構造で高さ 49 m，長さ 275 m あり，最上層が水路になっている。

▎**7** 西洋の建築（古代から近世まで）(3)

学習のポイント（教科書 p.260 〜 p.262）■▎

1. ビザンチン建築の特徴は，ペンデンティブドームを用いて，大空間をつくり出すことであった。

2. ロマネスク建築のおもな特徴は，厚い壁，太い柱，半円形アーチなどを使用することであった。

3. 12世紀中ごろから，ロマネスク建築よりも，さらに巧妙で洗練されたゴシック建築が北フランスで発達しはじめた。

1 ペンデンティブドームの構成図を作成せよ。

2 次の文の（　）内に適切な語句を記入せよ。

(1) 6世紀に東ローマ帝国で完成した（¹　　　　　　）は，キリスト教教会堂に用いられた建築様式である。

(2) ロマネスク建築のおもな特徴は，(²　　　　)，(³　　　　)，(⁴　　　　　　) などを使用することであった。

(3) (⁵　　　　) とは，かまぼこ形をした曲面天井の総称をいう。

(4) 縦軸が横軸より長い十字形を，(⁶　　　　) という。

(5) ロマネスク建築の代表的なものに，サン・セルナン大聖堂や各地につくられた (⁷　　　　)がある。

(6) ゴシック建築は，12世紀中ごろから (⁸　　　　　) で発達しはじめた。

3 下図の①〜⑧にあてはまる適切な語句を（　）内に記入せよ。

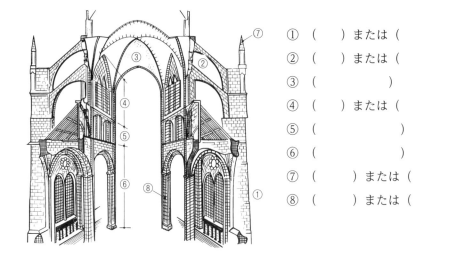

① （　　　）または（　　　　　）
② （　　　）または（　　　　　　）
③ （　　　　　　）
④ （　　　）または（　　　　　　）
⑤ （　　　　　）
⑥ （　　　　　）
⑦ （　　　）または（　　　　）
⑧ （　　　）または（　　　　　　）

8 西洋の建築（古代から近世まで）（4）

1. ルネサンスの時代の創作は，古典古代（ギリシア，ローマ）の文化を理想とし，人体比例や音楽的調和を数学的に分析して美を求めた。

2. バロック建築は，建築技術だけでなく，他の芸術分野の技法を利用して，従来の建築造形の限界を打ちやぶるくふうがなされた。

3. 古代ギリシア建築や古代ローマ建築の様式を復古しようとする新古典主義が起こった。

1 次の文の（　　）内に適切な語句を記入せよ。

(1) ルネサンス建築のおもな特徴は，古代の（¹　　　　）や（²　　　）に見られた（³　　　　）の造形理念を基本にしている。

(2) バロック建築は（⁴　　　）や（⁵　　　）の技法を取り入れて，（⁶　　　）の効果を強調し，大規模で躍動感のある建築様式として発達した。

(3) ロココ建築は，（⁷　　　　　）とよばれる不規則に湾曲した（⁸　　　）や（⁹　　　）などの（¹⁰　　　）を多用した。

(4) 新古典主義は，（¹¹　　　　　）の通俗的な装飾に対する反発から，厳格な規範をもつ（¹²　　　　　）に対するあこがれが高まったものである。

2 次の文の下線部分について，適切なものには○印，不適切なものには正しい語句を（　　）内に記入せよ。

(1)（　　　　）ルネサンス建築は，調和の取れた繊細で静的な建築物をつくり出そうとした。

(2)（　　　　）ベルルーニが設計したサン・ピエトロ大聖堂の広場は，円形である。

(3)（　　　　）18世紀前期には，イギリスを中心とした地域でロココ建築がつくり出された。

(4)（　　　　）新古典主義は，イギリスを中心として起こり，中世のキリスト教や，そのゴシック教会堂をつくった職人たちの誠実な仕事ぶりに対する美化を背景に，新築の建築様式にゴシック様式を用いた。

(5)（　　　　）サント・ジュヌヴィエーヴ聖堂は，新古典主義の傑作とされている。

Topic　フィレンツェ大聖堂

　フィレンツェ大聖堂は，その完成までには 200 年以上の歳月が費やされている。しかし，そうした長期にわたる建設にもかかわらず，建築物の意匠は統一を失わず整然とした輪郭を保っている。とくに，フィリッポ・ブルネレスキの手になる交叉部のドームは，構造を目立たせるよりも，外観の調和が重視され，ヨーロッパの建築理念に大きな影響を与えた。

9 近代の建築（1）

学習のポイント（教科書 p.268 ～ p.273）

1. 産業革命によって生み出された新しい建築材料や構造を用いて，近代建築はつくり出された。

2. 工業化の進展とともに市民社会が形成され，新しい社会に合う建築のありかたを模索する動きが登場した。建築の空間構成においても造形においても新しさを求めるこうした動きを近代建築運動という。

1 次の文の（　　）内に適切な語句を記入せよ。

(1) 18世紀の後半から19世紀の前半にかけて，(^{1}　　　　），(^{2}　　　　　），(^{3}　　　　　）の製造技術があいついで改良され，良質の製品が大量に生産されるようになった。

(2) 19世紀後半のイギリスで起こった（^{4}　　　　　　　　）の一つであるウィリアム・モリスの（^{5}　　　　　　　　　　　　　）は，機械による大量生産が，かつての職人的技巧に備わっていたものづくりの喜びや，ていねいにつくられた製品を使う喜びを人間からうばうとして，（^{6}　　　　　）の復活を唱えた。

(3) ヴィクトール・オルタやエクトール・ギマールらは，過去の様式を否定して，流れるような曲線と装飾的な壁面を一体化させた（^{7}　　　　　　　　　）という新しい美を追究した。

(4) 19世紀末から20世紀初頭にかけての近代建築運動の展開の結果，モダニズム建築が確立していった。その基礎となったのが，（^{8}　　　　　　　　　　）の提唱した，合理主義に基づく設計の原則である。

(5) ペレー兄弟は，20世紀はじめのフランスで，鉄筋コンクリートの柱と梁を用いた（^{9}　　　　　　　　）の作品を次々に発表した。

(6) （^{10}　　　　　　　　　）は，鉄筋コンクリート構造の建築物に，（^{11}　　　　　　），屋上庭園，連続窓などを取り入れた作品をつくり出した。

(7) フランク・ロイド・ライトは，（^{12}　　　　　　　　）を唱えて，自然豊かで広大な大地に広がるアメリカ独自の住宅を生み出した。

2 次の建築物と関係の深い設計者をたがいに線で結べ。

① カサ・ミラ　　　　　　　　　　・　　　・　㋐　ル・コルビュジエ

② サヴォア邸　　　　　　　　　　・　　　・　㋑　P. ベーレンス

③ A. E. G. のタービン工場　　　　・　　　・　㋒　A. ペレー

④ ル・ランシーのノートルダム教会　・　　　・　㋓　A. ガウディ・イ・コルネ

⑤ バウハウス校舎　　　　　　　　・　　　・　㋔　W. グロピウス

⑥ クリスタルパレス（水晶宮）　　・　　　・　㋕　フランク・ロイド・ライト

⑦ ロビー邸　　　　　　　　　　　・　　　・　㋖　J. パクストン

◼10 近代の建築（2）

学習のポイント（教科書 p.273 ～ p.276）◼◼

1. 日本の建築の近代化は，明治時代に欧米の建築様式や技術を取り入れることからはじまった。

2. 日本の本格的な近代建築は，大正時代の中ごろからつくり出された。

1 次の文の下線部分について，適切なものには○印，不適切なものには適切な語句を（　　　）内に記入せよ。

(1) （　　　　　　　　） 日本の建築の近代化は<u>大正時代</u>からはじまった。

(2) （　　　　　　　　） 造幣寮貨幣鋳造所工場は，<u>T. J. ウォートルス</u>が設計した建築物である。

(3) （　　　　　　　　） 事務所建築の需要は，<u>明治時代の後半</u>から大正時代にかけて高まった。

(4) （　　　　　　　　） 日本における建築の近代化はまず<u>住宅</u>からはじめられた。

(5) （　　　　　　　　） 帝国ホテルは<u>J. コンドル</u>が設計した建築物である。

2 次の文の（　　）内に適切な語句を記入せよ。

(1) 日本銀行本店は，（^{1}　　　　　　　）によって設計された建築物である。

(2) 赤坂離宮（迎賓館）は，（^{2}　　　　　　　）によって設計された建築物である。

(3) 日本でも歴史主義の影響を脱して，ヨーロッパに現れた近代建築の新しい傾向である
（^{3}　　　　　　　）や（^{4}　　　　　　　）が取り入れられるようになった。

(4) 帝国ホテルは，アメリカ人建築家（^{5}　　　　　　　　　　）が来日し，設計した建築物である。

(5) 関東大震災により，日本の建築物の（^{6}　　　）・（^{7}　　　　）構造の研究がいっそう進められた。

(6) （^{8}　　　　　　　　　　　）は，窓と窓のあいだの壁を突出させて柱のように見せ，日本の伝統的木造建築の柱・梁構成を鉄筋コンクリート構造で表現している。

(7) 宇部市渡辺翁記念会館は，（^{9}　　　　　　　）によって設計された建築物である。

TOPIC　ジョサイア・コンドル

　ジョサイア・コンドル（1852 ～ 1920）は，明治時代初期に欧米より来日した建築家の中でも最も代表的な人物である。1877（明治 10）年にイギリスから来日し，現在の東京大学工学部の前身である工部大学校の教授などを歴任した。そして，辰野金吾や片山東熊など多くの日本人建築家を養成した。彼は生涯を日本で過ごし，1920（大正 9）年，67 歳で没するまで，100 に近い作品を残している。東京帝室博物館・鹿鳴館・ニコライ堂・旧三菱一号館などはその代表的なもので，日本の建築界に大きな足跡を残した。

⓫ 現代の建築

学習のポイント（教科書 p.277 ~ p.288）■▮

1. 現代建築は，近代建築のさまざまな成果を取り入れ，戦後の進んだ工業力を背景につくり出され，現在も発展している。

2. 21世紀を迎えて，持続可能（サスティナブル）な社会の実現が広い分野で大きな課題となった。建築の領域においても，長寿命・自然共生・省エネルギー・省資源・継承性を追求しようという動きが顕著になった。

1 次の文の（　）内に適切な語句を記入せよ。

(1) 戦前にドイツで活躍していた（1　　　　　　　　　）はハーバード大学で，（2　　　　　　　　　）はイリノイ工科大学で，建築教育にあたると同時に設計活動を行った。

(2) （3　　　　　　　　）は，木材やれんがといった地域色豊かな材料の使用と，北欧らしい採光のくふうによって，従来の（4　　　　　　）建築に豊かな人間味を加えた。

(3) （5　　　）構造，（6　　　）構造，（7　　　）構造，膜構造などの新しい建築構造技術は，（8　　　　　　）が必要となる劇場，スタジアム，空港ビルなどに特徴のある造形を可能にした。

(4) 1970年代に入ると，構造部材や設備配管といった（9　　　　　　）を建築物の内外に露出させた（10　　　　　　　　）が登場した。

(5) 建築における（11　　　　　　　）は，モダニズム建築への反動あるいは批判として登場し，1980年代の流行となった。モダニズム建築が否定した（12　　　　　　）や（13　　　　　）や豊かな色彩を一つの建物に併存させて，建築に豊かな意味をもたせようとする考え方である。

2 次の建築物と関係の深い㋐～㋗の設計者をそれぞれ選び，（　）内に記号を記入せよ。

(1 　　) 霞が関ビルディング 　　　　(2 　　) 国立京都国際会館

(3 　　) ヒルサイドテラス 　　　　　(4 　　) 国立屋内総合競技場

(5 　　) つくばセンタービル 　　　　(6 　　) 関西国際空港旅客ターミナルビル

(7 　　) せんだいメディアテーク 　　(8 　　) 金沢21世紀美術館

㋐ 妹島和世，西沢立衛 　㋑ 丹下健三 　㋒ 山下寿郎 　㋓ 磯崎新

㋔ 槇文彦 　㋕ R.ピアノ 　㋖ 大谷幸夫 　㋗ 伊東豊雄

TOPIC **ビルバオ・グッゲンハイム美術館**

　　建築家フランク・ゲーリーの設計により1997年に開館した，スペイン北部の地方都市ビルバオにある美術館。建築物の外観は，光り輝き波のようにうねるチタンの板で覆われ，魚あるいは船を連想させる彫刻的な造形となっている。この建築物の設計では，作成した模型を3次元スキャナーでデータ化し，その後，航空工学に用いられる高度なCADシステムでモデリング，構造解析を行うという手法がとられた。

⓬ 建築年表（1）

（教科書 p.290 ～ p.293）

1　次の年表の（　　）内に適切な語句を語群より選び，記号で記入せよ。

時代		世紀	おもな建築物		関連事項
古代	飛鳥	6	6 世紀末	四天王寺	伽藍配置の導入
	奈良	8	8 世紀はじめ	(¹　　　　)	
			730	(²　　　　)	平城京に遷都（710）
			753	東大寺金堂	(¹⁴　　　　) の確立
			770 ごろ	(³　　　　)	平安京に遷都（794）
	平安	11	1053	(⁴　　　　)	
中世	鎌倉	12	1124	中尊寺金色堂	
			1166	東三条殿	(¹⁵　　　　) の発展
			1192	(⁵　　　　)	
			1199	東大寺南大門［再建］	(¹⁶　　　　) の発展
		13	1253	建長寺	(¹⁷　　　　) の発展
	室町	14	1397	(⁶　　　　)	折衷様の発展
		15	15 世紀ごろ	円覚寺舎利殿	
			1485	慈照寺東求堂	
	安土桃山	16	1513	大徳寺大仙院本堂	
			1582	(⁷　　　　)	
近世	江戸	17	1601	(⁸　　　　)	(¹⁸　　　　) の確立
			1636	日光東照宮社殿	(¹⁹　　　　) の発展
			1651 ごろ	(⁹　　　　)	
近代	明治大正昭和	19	1896	(¹⁰　　　　)	洋風建築の伝来
		20	1923	(¹¹　　　　)	関東大震災（1923）
			1936	国会議事堂	同潤会の設立（1924）
			1964	(¹²　　　　)	
			1983	つくばセンタービル	
	平成		1994	(¹³　　　　)	阪神・淡路大震災（1995）
			2000	せんだいメディアテーク	

語群

あ．浄土寺浄土堂　　い．平等院鳳凰堂　　う．法隆寺金堂・五重塔　　え．妙喜庵待庵

お．唐招提寺金堂　　か．鶴林寺本堂　　き．桂離宮　　く．薬師寺東塔　　け．園城寺光浄院客殿

こ．国立屋内総合競技場　　さ．日本銀行本店　　し．帝国ホテル　　す．関西国際空港旅客ターミナルビル

せ．禅宗様　　そ．和様　　た．大仏様　　ち．寝殿造　　つ．霊廟建築　　て．書院造

⓲ 建築年表（2）

（教科書 p.294 ～ p.296）

1 次の年表の（　　）内に適切な語句を語群より選び，記号で記入せよ。

時代	建築の様式	年	おもな建築物	関連事項
古代	エジプト	B.C.2560 ごろ	(⁵　　　　　)	
		B.C.1400 ごろ	クノッソス宮殿	
	(¹　　　　　)	B.C.500 ごろ	(⁶　　　　　)	オーダーの普及
		50 ごろ	ガールの水道橋	
	(²　　　　　)	79	(⁷　　　　　)	「建築十書」ウィトルウィウス
中世		4 世紀	旧サン・ピエトロ大聖堂	キリスト教建築の発生
	ビザンチン	537	(⁸　　　　　)	ペンデンティブドームの使用
		547	サン・ヴィビターレ	モザイクによる装飾
		1090 ごろ	サン・マルコ聖堂	
	ロマネスク	1133	(⁹　　　　　)	修道院の確立
		1144	サン・ドニ修道院	リブヴォールト
	(³　　　　　)	1250	(¹⁰　　　　　)	尖頭アーチ，フライング・バットレス
		1410 ごろ	アミアン大聖堂	
近世	(⁴　　　　　)	1461	(¹¹　　　　　)	建築家の職能確立
		1510	テンピエット	透視図法の発達
		1570	ヴィラ・ロトンダ	
	バロック	1667	(¹²　　　　　)	大オーダーの使用
		1678 ～ 1684	ヴェルサイユ宮の鏡の間	
	ロココ	1765	ツヴィーファルテン修道院聖堂	ロカイユの使用
	新古典主義	1792	(¹³　　　　　)	市民革命と産業革命
近代		1851	クリスタルパレス	W. モリスの工芸運動
		1898	ゼツェシオン館	アール・ヌーボー
		1931	(¹⁴　　　　　)	CIAM の結成（1928）
現代		1951	レイクショア・ドライヴ・アパート	鉄とガラスの高層建築
		1977	(¹⁵　　　　　)	
		1997	(¹⁶　　　　　)	脱構築主義
		2000	テート・モダン	地球サミット 2002

語群

あ．ハギア・ソフィア　　い．コロセウム　　う．パリ大聖堂　　え．サン・ピエトロ大聖堂

お．サント・ジュヌヴィエーヴ聖堂　　か．ギザの三大ピラミッド　　き．パルテノン神殿

く．ポンピドゥー・センター　　け．フィレンツェ大聖堂　　こ．ダラム大聖堂

さ．サヴォア邸　　し．ビルバオ・グッゲンハイム美術館　　す．ローマ　　せ．ルネサンス

そ．ゴシック　　た．ギリシア

建築計画演習ノート

解答編

実教出版株式会社

（下線の答えは順不同でよい）

第1章 建築と環境

1 建築と環境の概要 （p.3）

1　1　軒　2　ひさし　3　開口部　4　床
　　5　壁　6　ヒートアイランド現象
　　7　日照阻害　8　建築設備
　　9　エネルギー消費　10　地球温暖化
　　11　持続可能　12　循環型
　　13　配置　14　形態　15　材料

2　1　熱環境　2　空気環境　3　光環境
　　4　音環境

2 屋外環境と室内環境(1) （p.4）

1　1　日射　2　大気外日射量　3　太陽定数
　　4　1.37　5　赤外線　6　可視光線
　　7　紫外線　8　クリモグラフ

2　①　イ　②　ウ　③　ア　④　オ　⑤　エ

3 屋外環境と室内環境(2) （p.5）

1　1　緑地　2　エネルギー消費
　　3　コンクリート　4　アスファルト

2　①　道路に保水性や透水性をもたせる
　　②　建築物の周辺や屋上を緑化する
　　③　建築物の空気調和負荷を低減させる
　　④　電気自動車を普及させる

3　1　窒素酸化物　2　硫黄酸化物
　　3　粒子状物質　4　PM 2.5　5　百万分の1
　　6　10000　7　凹凸　8　曲面　9　穴

4 屋外環境と室内環境(3) （p.6）

1　1　エネルギー代謝量　2　気温
　　3　湿度　4　風速　5　放射熱　6　着衣量
　　7　作業量　8　気温　9　放射熱
　　10　作用温度　11　着衣量　12　作業量
　　13　新有効温度　14　標準有効温度
　　15　温熱6要素　16　－3　17　＋3
　　18　予測不快者率

2　(1)　0.2　(2)　○　(3)　○　(4)　10

3　$SET^* 27℃$

5 換気と通風(1) （p.7）

1　1　室内空気汚染　2　生理現象　3　燃焼
　　4　生活行為　5　家具・内装材
　　6　生理現象　7　発汗作用
　　8　二酸化炭素（またはCO_2）　9　燃焼
　　10　二酸化窒素（またはNO_2）
　　11　一酸化炭素（またはCO）　12　生活行為
　　13　塵あい　14　化学物質　15　臭気
　　16　喫煙　17　家具・内装材
　　18　ホルムアルデヒド
　　19　揮発性有機化合物（またはVOC）
　　20　CO_2（二酸化炭素）　21　臭気
　　22　塵あい

2　1　300　2　0.07　3　0.1　4　1000
　　5　0.01　6　0.2　7　10　8　2000

6 換気と通風(2) （p.8）

1　1　0.015　2　0.001　3　0.0004　4　0.45
　　5　0.0006　6　750　7　7　8　9　9　3
　　10　168　11　750　12　168　13　4.46
　　14　4.5

2　1　新鮮　2　汚染　3　機械換気
　　4　風圧力　5　温度差　6　密度
　　7　給気機　8　排気機　9　強制的
　　10　給気口　11　排気口　12　冷却
　　13　自然　14　速度　15　経路
　　16　最多風向　17　反対側

7 伝熱と結露(1) （p.9）

1　1　熱伝達　2　熱伝導　3　熱伝達
　　4　熱貫流　5　熱伝達率　6　$W/(m^2 \cdot K)$
　　7　風速　8　熱伝導率　9　$W/(m \cdot K)$

2　1　25　2　0.1　3　1.4　4　0.06　5　0.03
　　6　0.01　7　0.17　8　9　9　0.44

3 1 3.5　2 32　3 26　4 28　5 588

8 伝熱と結露(2)　(p. 10)

1 1 35　2 0.003　3 0.78　4 9
　5 0.0286　6 0.0038　7 0.1111
　8 0.1435　9 6.97　10 6.97　11 20
　12 5　13 16　14 1672.8

2 ① ㋓　② ㋑　③ ㋐　④ ㋒

9 伝熱と結露(3)　(p. 11)

1 1 18　2 2　3 8　4 18　5 0
　6 13.5　7 A　8 100　9 露点温度
　10 10　11 生じない

2 1 空気線図　2 乾球温度　3 相対湿度
　4 表面結露　5 断熱材　6 換気
　7 湿度　8 防湿層　9 通気層

10 日照と日射(1)　(p. 12)

1 1 23°26′　2 南中　3 可照時間
　4 日照時間　5 日照率　6 日影図
　7 冬至　8 日影時間図　9 終日日影
　10 永久日影

2

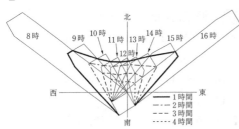

11 日照と日射(2)　(p. 13)

1 1 真太陽時　2 正午　3 24
　4 平均太陽時　5 均時差

2 1 12　2 2　3 134　4 12　5 2　6 4
　7 11　8 58

3 1 1.8　2 1.8　3 10　4 18

12 日照と日射(3)　(p. 14)

1 ① ㋑　② ㋒　③ ㋓　④ ㋐

2 ① 水平面　② 南面　③ 東面・西面
　④ 北面

3 1 日照調整　2 熱負荷　3 ルーバー
　4 外側　5 パッシブソーラー
　6 アクティブソーラー

13 採光と照明(1)　(p. 15)

1 ① ㋒d　② ㋐b　③ ㋑c　④ ㋓a

2 1 100　2 5000　3 2

3 1 1　2 1　3 1　4 2　5 1　6 2
　7 9.3　8 1　9 1　10 1　11 1　12 1
　13 1　14 5.4　15 3.9　16 3.9
　17 7.8　18 7.8

14 採光と照明(2)　(p. 16)

1 ① 側窓　㋒　② 頂側窓　㋑
　③ 天窓　㋐

2 1 照明　2 白熱灯　3 蛍光灯　4 LED
　5 演色性　6 全般照明　7 局部照明
　8 照度均斉度　9 直接照明　10 間接照明

15 色彩(1)　(p. 17)

1 1 色相　2 明度　3 彩度　4 補色
　5 色相　6 色調　7 配色　8 誘目性
　9 視認性　10 面積効果

2 1 同時対比　2 継時対比　3 明度対比
　4 補色対比　5 同化（または融合）

3 暖色　①⑤⑦
　寒色　③⑥
　中性色　②④

16 色彩(2)　(p. 18)

1 (1) ㋑　(2) ㋐　(3) ㋒

2 1 高　2 低　3 高　4 低　5 高
　6 低　7 誘目性　8 視認性
　9 ゾーニング　10 色彩　11 安全色

17 音響(1)　(p. 19)

1 ① ㋓b　② ㋒a　③ ㋐b　④ ㋑b

2 約 103 dB

3 1 20　2 20000　3 質量　4 吸音率
　5 多孔質材料　6 板状材料
　7 穿孔板材料

8　軽量床衝撃音　9　重量床衝撃音

4 (1)　距離減衰の利用　(2)　壁などによる遮音

(3)　吸音材料の利用　(4)　床衝撃音の防止

18 音響(2)　(p. 20)

1 1　直接音　2　反射音　3　340

4　反射音　5　直接音　6　17　7　反射

8　吸収　9　残響　10　60　11　残響時間

12　吸音力

2 1　300　2　8　3　2400　4　2400　5　350

6　1.1　7　1.1　8　ある

第2章　住宅の計画

1 住宅の意義(1)　(p. 21)

1 1　団らん　2　食事　3　休憩

4　生活行為　5　地域　6　職業

7　家族構成

8　生活様式（ライフスタイル）　9　時代

10　家族の生活　11　子供の成長

12　高齢者の心身の変化

2 ①　（イ）　②　（ア）　③　（エ）　④　（ウ）　⑤　（カ）

⑥　（オ）

3 1　家族の共同的な空間　2　居間

3　個人の生活空間　4　夫婦寝室

5　老人室　6　家事空間　7　台所

8　家事室　9　生理・衛生空間　10　便所

11　廊下　12　階段　13　収納空間

14　納戸

2 住宅の意義(2)　(p. 22)

1 1　安全　2　安心　3　竣工当初　4　長期

5　日本住宅性能表示基準

6　火災時の安全　7　劣化の軽減

8　温熱環境　9　音環境

10　高齢者等への配慮（バリアフリー対策）

11　等級　12　変更　13　可変性

14　段差の解消　15　階段のくふう

16　開口部　17　見通し　18　資源

19　エネルギー　20　建設廃棄物

2 (1)　○　(2)　×　(3)　○　(4)　○　(5)　×

(6)　○

3 住宅計画の進め方(1)　(p. 23)

1 1　建築計画　2　建築生産

3　目的・意図　4　条件の把握　5　境界

6　企画　7　設計　8　一方向

9　維持管理　10　ライフステージ

11　増築

2 1　計画　2　設計　3　維持管理

4　条件の把握　5　基本設計　6　実施設計

7　改修　8　計画目標の決定

9　計画条件の決定

4 住宅計画の進め方(2)　(p. 24)

1 1　目的　2　意図　3　建築主　4　調査

5　制約　6　人間　7　役割

8　内的な条件　9　外的な条件

10　チェックリスト　11　調査　12　快適

13　法規　14　最低の基準　15　ゆとり

16　具体化　17　計画目標（コンセプト）

18　方向

2 1　地盤調査　2　敷地測量　3　基本設計

4　実施設計　5　確認申請　6　建築工事

7　付帯工事　8　登記　9　地鎮祭

10　竣工式

3 1　$\frac{1}{7}$　2　開口部　3　75　4　23　5　15

5 全体計画(1)　(p. 25)

1 1　自然環境　2　安全　3　空気　4　日照

5　寒風　6　涼風　7　湿気　8　排水

9　一定　10　強固　11　高潮

12　崖くずれ　13　住環境　14　交通

15　車　16　通勤　17　買い物　18　役所

19　病院　20　整備　21　上下水道

22　電気　23　都市設備　24　危険物

25　風紀

2 1　駐車スペース　2　利便性　3　安全性

4　50　5　1　6　道路　7　玄関　8　分離

9　中庭　10　アプローチ　11　ポーチ

12　$\frac{1}{15}$　13　1.2

（例）

長方形構成

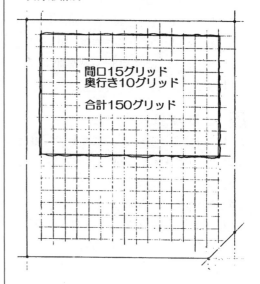

間口15グリッド
奥行き10グリッド

合計150グリッド

L型構成

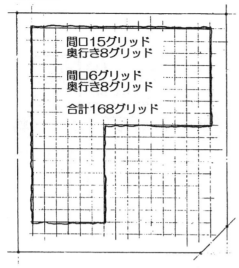

間口15グリッド
奥行き8グリッド

間口6グリッド
奥行き8グリッド

合計168グリッド

T型構成

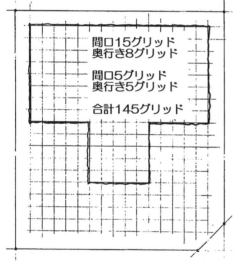

間口15グリッド
奥行き8グリッド

間口5グリッド
奥行き5グリッド

合計145グリッド

中庭のある構成

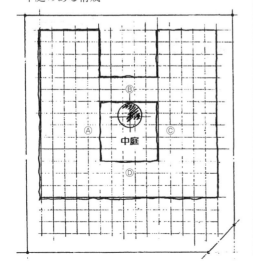

Ⓐ 間口 5 グリッド　奥行き 14 グリッド
Ⓑ 間口 5 グリッド　奥行き 2 グリッド
Ⓒ 間口 5 グリッド　奥行き 14 グリッド
Ⓓ 間口 5 グリッド　奥行き 3 グリッド

合計 165 グリッド

(b)

(例)

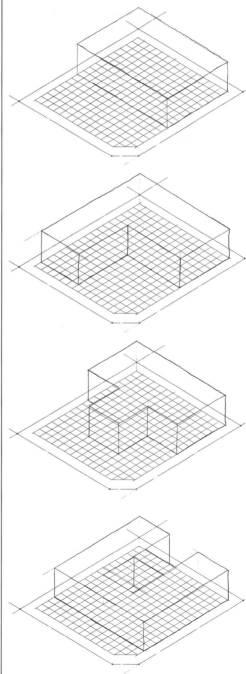

(c) 各自で考え，作図する。

（例）

(2) (a) 各自で考え，作図する。

（例）

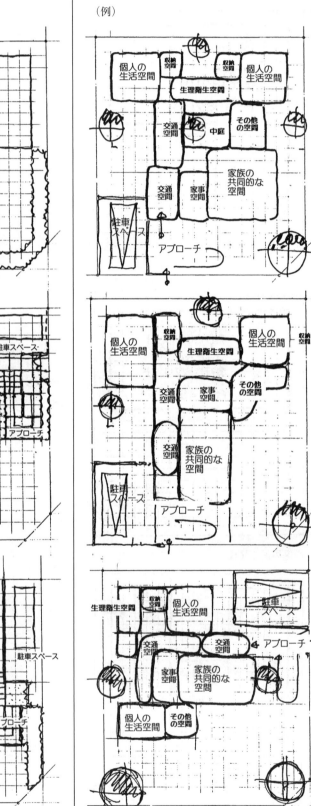

(b) 各自で考え，作図する。

（例）

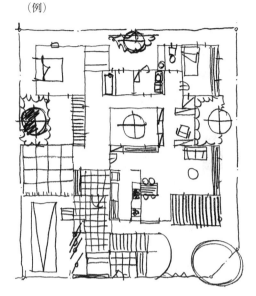

(c) 各自で考え，作図する。

（例）

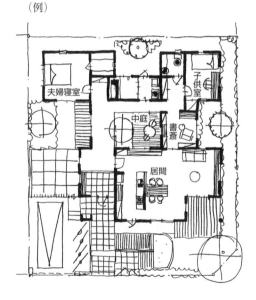

(d) 各自で考え，作図する。

（例）

立面図

南面

東面

断面図

屋根伏図

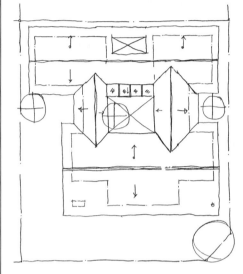

第3章　各種建築物の計画

1 集合住宅の計画⑴ （p. 41）

1 1 高密度化　2 高度利用化　3 共同化
　　 4 住宅団地　5 一団地認定　6 自然環境

2 1 連続住宅　2 共同住宅　3 板状住宅
　　 4 塔状住宅　5 フラット型
　　 6 メゾネット型

2 集合住宅の計画⑵ （p. 42）

1 ① イ・b　② エ・a　③ ウ・c
　　④ オ・g　⑤ ア・e　⑥ キ・d
　　⑦ カ・f

2 1 分譲　2 所有者　3 公営住宅
　　 4 給排水管　5 避難　6 バリアフリー化
　　 7 耐久性　8 可変性　9 SI方式

3 集合住宅の計画⑶ （p. 43）

1 1 最高高さ　2 日照時間　3 日影
　　 4 前面隣棟間隔　5 方位　6 高さ

7　形状　8　容積率　9　延べ面積

　　10　エントランスホール　11　アルコーブ

2　(1)　×　(2)　×　(3)　×　(4)　○　(5)　○

　　(6)　×　(7)　×　(8)　×

4　事務所の計画⑴　(p. 44)

1　(1)　⑦　(2)　⑦　(3)　⑦

2　1　延べ面積　2　収益部分

　　3　床面積　4　収益部分　5　65　6　75

　　7　70　8　85　9　総合設計制度

　　10　公開空地

3　(1)　○　(2)　1.5～1.8 m　(3)　○　(4)　○

　　(5)　小さく

5　事務所の計画⑵　(p. 45)

1　(1)

　　(2)

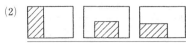

　　(3)

　　(4)

　　(5)

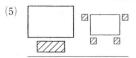

2　1　アトリウム　2　吹抜け　3　駐車場

　　4　設備用諸室　5　サンクンガーデン

　　6　ドライエリア　7　塔屋　8　4　9　高く

6　事務所の計画⑶　(p. 46)

1　1　並行式　2　ブース式　3　スタッグ式

　　4　対向式　5　ランドスケープ式

2　1　オープンタイプ　2　コリドールタイプ

　　3　オフィスレイアウト

　　4　フレキシビリティー

3　1　風除室　2　自動扉　3　180

　　4　エレベーターホール　5　31　6　給湯室

　　7　第三種機械　8　中央管理室　9　守衛室

7　小学校の計画⑴　(p. 47)

1　1　総合教室型　2　特別教室型

　　3　体育館　4　特別教室

　　5　昇降口　6　動線　7　総合教室型

　　8　特別教室型　9　高学年

2　(1)

　　(2)

　　(3)

　　(4)

　　(5)

8　小学校の計画⑵　(p. 48)

1　①　リニア型　②　フィンガー型

　　③　囲み庭型　④　分散庭型

2　1　屋根　2　開口部　3　形状　4　2.8

　　5　3.0　6　4

9　小学校の計画⑶　(p. 49)

1　1　9　2　8　3　理科室　4　音楽室

　　5　家庭科室　6　パソコン　7　司書室

　　8　16　9　26　10　1.8　11　2.3　12　2.0

　　13　2.5　14　2.7　15　3.0

2　(1)　×　(2)　○　(3)　○　(4)　×　(5)　×

10　各種建築物の安全計画　(p. 50)

1　1　建築制限　2　防火区画　3　内装制限

　　4　延焼拡大　5　倒壊　6　耐震

　　7　阪神・淡路大震災　8　免震　9　制振

　　10　避難階　11　避難計画　12　二方向

　　13　バルコニー

2　(1)　×　(2)　×　(3)　×　(4)　×　(5)　○

(6) ○　(7) ○　(8) ○

第4章　都市と地域の計画

1　都市と都市計画　(p. 51)

1 1　都市　2　都市計画　3　産業革命

　　4　大規模化　5　均質化　6　アテネ憲章

　　7　ルシオ・コスタ　8　ブラジリア

2 (1)　中心市街地　(2)　○

　　(3)　スプロール現象　(4)　○　(5)　NPO

2　都市計画制度と都市計画法　(p. 52)

1 1　健全　2　秩序　3　公共の福祉

　　4　市街化区域　5　市街化調整区域

　　6　土地利用計画　7　都市交通計画

　　8　マスタープラン　9　開発行為

　　10　8　11　2　12　3

2 (1)　⑦　(2)　⑤　(3)　⑨　(4)　⑦

3　建築と地域の計画　(p. 53)

1 1　都市計画図　2　条例　3　自治体

　　4　歩車分離

2 (1)　○　(2)　×　(3)　○　(4)　×　(5)　○

4　地域の計画とまちづくり　(p. 54)

1 (1)　重要伝統的建造物群保存地区

　　(2)　リノベーション　(3)　コンバージョン

　　(4)　景観　(5)　ハザードマップ（防災マップ）

　　(6)　ワークショップ

2 1　景観法　2　防災拠点　3　避難路

　　4　延焼遮断帯　5　共同建替　6　協調建替

　　7　ファシリテータ　8　建築協定

　　9　地区計画

第5章　建築設備の計画

1　給排水・衛生設備⑴　(p. 55)

1 (1)　ⓐ・⑨　(2)　ⓒ・⑦　(3)　ⓔ・⑦

　　(4)　ⓑ・⑦　(5)　ⓓ・⑦

2　給排水・衛生設備⑵　(p. 56)

1 1　汚水　2　雑排水　3　特殊排水

　　4　合流式　5　分流式　6　重力式排水方式

　　7　機械式排水方式

2 ①　Pトラップ　②　Sトラップ

　　③　Uトラップ　④　ドラムトラップ

　　⑤　わんトラップ

3 1　汚水　2　雑排水　3　一次処理装置

　　4　二次処理装置　5　消毒槽

　　6　嫌気性微生物　7　腐敗　8　好気性微生物

　　9　酸化　10　雨水　11　再生水

3　空気調和・換気設備　(p. 57)

1 1　17　2　28　3　40　4　70　5　0.5

　　6　0.15　7　10　8　1000

2 (1)　⑦ⓐ　(2)　⑨ⓑ　(3)　⑦ⓒ

3 1　空気調和機　2　熱源装置

　　3　床・天井放射式　4　24時間換気設備

　　5　0.5　6　第一種機械換気設備

　　7　第二種機械換気設備

　　8　第三種機械換気設備　9　室温

　　10　汚染空気　11　置換換気

4　電気設備　(p. 58)

1 (1)　○　(2)　100 V/200 V 単相3線式

　　(3)　幹線　(4)　○

2 ①　天井埋込型　②　天井直付型

　　③　ペンダント型　④　ブラケット型

3 (1)　⑨　(2)　⑦　(3)　⑦　(4)　⑦

5　防災設備・搬送設備　(p. 59)

1 1　普通　2　油　3　電気　4　可燃物

　　5　温度　6　酸素　7　冷却　8　窒息

　　9　抑制

2 (1)　○　(2)　×　(3)　×　(4)　×　(5)　○

　　(6)　○　(7)　×　(8)　×　(9)　×　(10)　○

第6章　建築の移り変わり

1　日本の建築（原始から近世まで）⑴ (p. 60)

1 1　単一の空間　2　寝るための空間

　　3　高床式の家屋　4　床　5　湿気　6　板敷

　　7　檜皮葺　8　寝殿造　9　1棟1室

　　10　渡り廊下

2 (1) ○　(2) 近世　(3) ○

(4) ○　(5) 引違い戸　(6) ○　(7) ○

2 日本の建築（原始から近世まで）(2)
(p. 61)

1 ①　ウ・ａ　②　ア・ｃ　③　イ・ｂ

2 (1) ×　(2) ○　(3) ○　(4) ×

3 1　式年造替制　2　礎石　3　組物

4　春日造　5　双堂　6　石の間造

7　霊廟建築　8　権現造　9　相の間

3 日本の建築（原始から近世まで）(3)
(p. 62)

1 ①　オ　②　ア　③　イ　④　ウ　⑤　エ

2 1　和様　2　大仏様　3　禅宗様（唐様）

4　折衷様　5　平城京

3 1　重層　2　法堂　3　方丈　4　東司

5　本尊

4 日本の建築（原始から近世まで）(4)
(p. 63)

1 ①　内裏　②　朝堂院　③　朱雀門

④　羅城門　⑤　西寺　⑥　東寺　⑦　西市

⑧　東市　⑨　土御門殿　⑩　東三条殿

2 1　難波京　2　条坊制　3　碁盤目状

4　町割　5　門前町　6　宿場町　7　港町

8　武家屋敷

5 西洋の建築（古代から近世まで）(1)
(p. 64)

1 1　ピラミッド　2　パルテノン

3　ドリス　4　イオニア　5　コリント

6　トスカナ　7　コンポジット

2 (1) ドリス式　(2) イオニア式

(3) コリント式　①　コーニス

②　フリーズ　③　アーキトレーブ

④　エンタブレチュア　⑤　柱頭　⑥　柱身

⑦　柱　⑧　スタイロベート　⑨　柱礎

6 西洋の建築（古代から近世まで）(2)
(p. 65)

1 1　住宅　2　凱旋門　3　浴場　4　闘技場

5　セメント　6　コンクリート　7　アーチ

8　ヴォールト　9　ドーム　10　バシリカ

2 ①　身廊・ネイブ　②　側廊・アイル

③　祭壇・アプス

④　高窓・クリアストーリー

7 西洋の建築（古代から近世まで）(3)
(p. 66)

1

2 1　ビザンチン建築　2　厚い壁

3　太い柱　4　半円形アーチ

5　ヴォールト　6　ラテン十字　7　修道院

8　北フランス

3 ①　控壁・バットレス

②　飛控・フライングバットレス

③　リブヴォールト

④　高窓・クリアストーリー

⑤　トリフォリウム　⑥　大アーケード

⑦　小尖塔・ピナクル

⑧　束ね柱・コンパウンドピア

8 西洋の建築（古代から近世まで）(4)
(p. 67)

1 1　ギリシア　2　ローマ　3　オーダー

4　絵画　5　彫刻　6　視覚上

7　ロカイユ　8　貝殻　9　葉飾り

10　浮彫り　11　ロココ建築

12　古典建築

2 (1) ○　(2) 楕円形　(3) フランス

(4) ゴシック・リヴァイヴァル　(5) ○

9 近代の建築(1)　(p. 68)

1 1　鉄　2　セメント　3　ガラス

4　近代建築運動

5　アーツアンドクラフツ運動

6　手仕事　7　アール・ヌーボー

8　オットー・ワーグナー　9　ラーメン構造

10　ル・コルビュジエ　11　ピロティ

12　有機的建築

2　①　㋔　②　㋐　③　㋑　④　㋒　⑤　㋕

　　　⑥　㋖　⑦　㋓

10　**近代の建築(2)**　(p. 69)

1　(1)　明治時代　(2)　○　(3)　○

　　(4)　公共建築物

　　(5)　フランク・ロイド・ライト

2　1　辰野金吾　2　片山東熊

　　3　アール・ヌーボー　4　ゼツェシオン

　　5　フランク・ロイド・ライト　6　耐震

　　7　耐火　8　東京中央郵便局旧局舎

　　9　村野藤吾

11　**現代の建築**　(p. 70)

1　1　ワルター・グロピウス

　　2　ルートヴィヒ・ミース・ファン・デル・ローエ

　　3　アルヴァ・アールト　4　モダニズム

　　5　シェル　6　吊　7　折板　8　大空間

　　9　金属部材　10　ハイテク・スタイル

　　11　ポストモダン　12　歴史的様式

　　13　装飾

2　1　㋒　2　㋖　3　㋔　4　㋑　5　㋓

　　6　㋕　7　㋗　8　㋐

12　**建築年表(1)**　(p. 71)

1　1　う　2　く　3　お　4　い　5　あ

　　6　か　7　え　8　け　9　き　10　さ

　　11　し　12　こ　13　す　14　そ　15　ち

　　16　た　17　せ　18　て　19　つ

13　**建築年表(2)**　(p. 72)

1　1　た　2　す　3　そ　4　せ　5　か

　　6　き　7　い　8　あ　9　こ　10　う

　　11　け　12　え　13　お　14　さ　15　く

　　16　し

11